# CITY|TRIP
# LIVERPOOL

## Inhalt

W0049517

◁ *Maritime Tradition, Industriekultur und Architektur von Rang vereint sich in Liverpool zum Weltkulturerbe (s. S. 34, Foto: 112lp Abb.:gs)*

## 105 Praktische Reisetipps

## 129 Anhang

### Zeichenerklärung

★★★ nicht verpassen
★★ besonders sehenswert
★ wichtig für speziell
interessierte Besucher

[A1] Planquadrat im Kartenmaterial. Orte ohne diese Angabe liegen außerhalb unserer Karten. Ihre Lage kann aber wie die von allen Ortsmarken mithilfe der begleitenden Web-App angezeigt werden (s. S. 144).

### Updates zum Buch

www.reise-know-how.de/citytrip/liverpool18

### Vorwahlen

❯ für Großbritannien: 0044
❯ für Liverpool: 0151

Aus der einstigen Industriestadt am Mersey ist längst eine Metropole der Lebensfreude geworden: eine Stadt zum Bummeln, Einkaufen und Feiern. Rund um das Pier Head zeigt sich das neue Gesicht Liverpools mit dem Museum of Liverpool (s.S. 21) als Aushängeschild. Zwei riesige Kathedralen zeugen neben vielen Weltkulturerbestätten wie Albert Dock (s.S. 16), St. George's Hall (s.S. 29) oder Bluecoat Arts Centre (s.S. 37) vom kulturellen Erbe.

### British Music Experience

Mehr als ein Jahrhundert Rock- und Popgeschichte präsentiert Liverpools neuestes Museum (s.S. 24), in dem sich die Klamotten der Spice Girls ebenso finden wie die Bassgitarre vom ehemaligen Rolling-Stones-Mitglied Bill Wyman.

### Wohnen wie auf der Titanic

Das ehemalige Schifffahrtsbüro der White Star Line, in deren Diensten einst auch die Titanic stand, dient jetzt als Themenhotel 30 James Street. Die schönsten Zimmer sind den Luxuskabinen auf dem untergegangenen Liniendampfer nachempfunden (s.S. 123).

### Fußballmetropole

Liverpools Kicker ziehen noch immer die Massen an. Mit dem Everton FC und dem Liverpoool FC bieten gleich zwei Klubs Erstligafußball (s.S. 50).

### Mit dem Rad durch die Stadt

Erfreuliches für Pedalritter: An rund 100 Stationen stehen die grünen City Bikes für Ausflüge zur Verfügung (s.S. 119).

106lp Abb.: kw

# LIVERPOOL ENTDECKEN

# Liverpool für Citybummler

*Es gibt kaum eine Stadt, die so viele Gesichter hat. An stürmischen Regentagen wirkt sie matt und grau, an sonnigen Sommertagen dagegen strahlt sie Mittelmeer-Feeling aus. Besucher müssen sich einlassen auf Liverpool und seine Menschen.*

Manche werden staunen angesichts der **Fülle von Kunst und Kultur,** welche die Museen und Theater der Stadt bieten. Musentempel wie die Walker Art Gallery ⑫, die Tate im Albert Dock ❶, vor allem aber das Museum of Liverpool ❸ genießen inzwischen Weltruhm. Und in der Echo Arena (s. S. 76) oder der Philharmonic Hall ⑲ treten die Großen der Unterhaltungsbranche auf.

Andere Besucher werden sich anstecken lassen vom Taumel der Party-People, die vor allem an den Wochenenden die Gegend rund um die Mathew Street zum Tollhaus machen. Dann platzen auch die Klubs in der Seel- oder Duke-Street [K11] aus den Nähten, stehen die Vergnügungssüchtigen auf Einlass wartend in langen Schlangen vor den Toren der Discotempel und Musikschuppen. Denn Liverpool ist auch heute noch neben London und Manchester **Englands Musikmetropole,** die ihren Anspruch mit einem großen Angebot an Livemusik unterstreicht – und einem neuen Museum: Die **British Music Experience** ❺ dokumentiert die Musikgeschichte der Insel von 1945 bis heute. Zehntausende von Studenten sorgen außerdem für jugendliche Lebensfreude, die leicht in Übermut umschlagen kann. Schließlich stammt der Beat von hier, nicht der Walzer.

Liverpools **Geschichte** ist heute sein touristisches Kapital, konserviert in Museen wie dem Museum of Liverpool ❸ oder The Beatles Story ❷ oder nachempfunden auf Bustouren zu den Erinnerungsstätten der Beatles. Als bunte Metropole zeigt sich die Stadt auf ihren vielen Festen und Feiern. Sie bringen Kulturen ins Gespräch und Menschen aus allen Erdteilen zusammen. Wer immer kann, sollte Liverpool deshalb auch einmal an Festtagen aufsuchen. Beim Liverpool International Music Festival oder beim Oye-Festival im Sefton-Park, der grünen Lunge der Stadt, Station machen.

Immer zahlreicher werden die, die im **Heimatland des Fußballs** spüren wollen, was die Faszination des Spiels eigentlich ausmacht. Gleich zwei renommierte Erstligaklubs – der Liverpool FC und der Everton FC – laden in ihre Stadien: den **Goodison Park** ㉕ oder die weltberühmte **Anfield Road** ㉔.

Liverpool ist vor allem aber auch eine **Hafenstadt,** an deren Piers inzwischen wieder die größten Kreuzfahrtschiffe der Welt anlegen. Dieses Erbe haben die Liverpudlians mit der Sanierung des Albert Dock ❶, einer der meistbesuchten Touristenattraktionen am Mersey, untermauert. Wer sehen will, wie sich backsteingeprägte Industriearchitekturen in zeitgenössische Wohn- und Bürolandschaften verwandeln lassen, sollte in Ruhe die Merseyfront abschreiten oder mit der Fähre ❹ am Ufer entlangschippern. Vom Fluss aus erschließt sich das **neue Liverpool** am besten. Von dort sieht man die neuen Hochhäuser hinter den alten in die Höhe wachsen – Zeichen eines noch immer anhaltenden Baubooms, der von Liverpools neuem Selbstbewusstsein zeugt, einem Stolz, der die Liverpooler auch mehrheitlich gegen den Brexit stimmen ließ.

# Kurztrip nach Liverpool

*Viele Besucher kommen nur für ein verlängertes Wochenende oder machen im Rahmen einer Englandreise in Liverpool Station. Wer keine Zeit oder Muße hat, sein eigenes Programm zu organisieren, dem sollen folgende Vorschläge helfen.*

## Tag 1

### Vormittags

Mit einem gemütlichen **Bummel am Mersey** entlang startet man am besten in das „Abenteuer Liverpool". Vieles in der Gegend rund um das Pier Head ❹ gehört heute zum Weltkulturerbe der Stadt (s. S. 34). Das Museum of Liverpool ❸, in dem man Liverpool und seine Geschichte am besten kennenlernen kann, (noch)

nicht. Es erzählt unter anderem von den Beatles und den traditionsreichen Fußballklubs der Stadt. Nur ein paar Schritte weiter erfährt man im Cunard Building alles über die britische Musikgeschichte. **British Music Experience** ❺ heißt die Show, in der man selbst auch einmal Schlagzeug oder Gitarre spielen kann.

Ebenfalls am Mersey liegt das **Albert Dock** ❶, eine alte Hafenanlage, die sich zur Museums- und Erlebnismeile gewandelt hat. Liebhabern moderner Kunst sei dort das Tate Liverpool (s. S. 61) ans Herz gelegt. Wer sich für Seefahrt und Historie oder für die Geschichte der Sklaverei interessiert, ist im Merseyside Maritime Museum (s. S. 59) bestens aufgehoben. „The Beatles Story" ❷ schließlich erzählt die Geschichte der berühmtesten Söhne der Stadt. Eine Ausstellung, die schon mehr als vier Millionen Besucher gesehen haben. Zur Mittagspause empfehlen sich die Restaurants in den ehemaligen Dockanlagen oder eines der vielen Museumscafés.

◺ *Aus Hafenanlagen werden Wohnhäuser*

◁ *S. 7: Feststimmung auf der Pier Head Piazza* ❹

014|p Abb.: gs

### Nachmittags

Beatles-Fans können vom Albert Dock gleich weiter zur „Magical Mystery Tour" starten. Die zweistündige Busfahrt führt zu den wichtigsten Beatles-Gedenkstätten wie Penny Lane oder Strawberry Field (s. S. 47), aber auch zu den Elternhäusern von John Lennon **21** und Paul McCartney **22**, die im Rahmen dieser Tour allerdings nur von außen zu sehen sind. Die Busreise endet in der Mathew Street mit einem Besuch im legendären Cavern Club (s. S. 74).

Preiswerter ist die Stadtrundfahrt in einem der vielen Sightseeing-Busse, die alle wichtigen Liverpooler Sehenswürdigkeiten miteinander verbinden und gewöhnlich am Pier Head **4** starten.

Wer für die Beatles nichts übrig hat: Nur ein paar Schritte Richtung Innenstadt steht Liverpools größtes Einkaufsparadies Liverpool One **15**!

### Abends

Musik- und Theaterfreunden sei ein Besuch in der Philharmonic Hall **19** oder in einem der Theater (s. S. 75) empfohlen. Eine Alternative ist ein Konzert- oder Sportabend in der „Echo Arena" neben dem Albert Dock, die Popgrößen ebenso als Bühne dient wie Zirkussen, Musicals oder sonstigen Events.

Den Abend sollte man in einem der vielen Klubs (s. S. 74) beschließen, die es für jeden Geschmack und Geldbeutel gibt. Zentrum des feucht-fröhlichen Nachtlebens sind die Klubs zwischen Seel und Duke Street, vor allem aber auch die Mathew Street im Cavern Quarter **8**, die vor allem an Sommerwochenenden aus allen Nähten platzt.

◹ *Der Liver Bird, Liverpools Wahrzeichen, krönt das weltberühmte Architekturensemble am Pier Head **4**. Die Bauten gehören zum Weltkulturerbe.*

◿ *Zur Walker Art Gallery **12** gehört auch eine umfangreiche Skulpturensammlung*

## Tag 2

### Vormittags

Bei schönem Wetter könnte man den Mersey kreuzen und dort in einem der Museen Halt machen. Wer etwas für deutsche U-Boote aus den Weltkriegszeiten übrig hat, ist in der **U-Boat Story** ㉗ bestens aufgehoben. Den Blick nach vorne schärft das Weltraum-Erlebniscenter **Spaceport** ㉖ und für Kinder hat Englands größtes **Aquarium** ㉙ so manche Überraschung parat.

Die Alternative ist ein **Stadtbummel** – vielleicht verbunden mit der Auffahrt zum **Radio City Tower** (s. S. 37), der bei gutem Wetter einen einmaligen Blick über die Stadt und den Mersey bietet.

### Nachmittags

Fußballfreunde sind samstags gewöhnlich in der **Anfield Road** ㉔ oder dem **Goodison Park** ㉕ bestens aufgehoben. Andere vergnügen sich auf der Museumsmeile, wo mit **World**

**Museum Liverpool** ❿, der **Central Library** ⓫ und der **Walker Art Gallery** ⓬ gleich drei Sehenswürdigkeiten nebeneinander zu finden sind. Alle sind mit schönen Cafés ausgestattet und man kann sie zum Nulltarif besichtigen, denn die größten Museen Liverpools kosten keinen Eintritt. Wer will, kann in der Zentralbibliothek sogar kostenlos seine Mails checken!

### Abends

Warum nicht einmal elegant Essen gehen? Wer früh dran ist, profitiert von den Spezialtarifen vieler Restaurants, die bis 17 oder 18 Uhr mit kräftigen Abschlägen auf das Dinner werben wie im Bistro Jacques (s. S. 66) mitten im Theaterviertel. Stilvoll geht es in der Hope Street zu, etwa im The London Carriage Works (s. S. 66), in dem man sich der Slow-Food-Bewegung verpflichtet fühlt. Und wer dann noch Energie und Lust hat: Die Bars und Pubs sind bis Mitternacht garantiert noch offen. Viele liegen hier gleich um die Ecke!

114lp Abb.: gs

## Das gibt es nur in Liverpool

› *Liverpool Cathedral* **16**: Ausgerechnet ein Katholik baute die größte anglikanische Kathedrale der Welt. Zwei ganze Fußballfelder hätten im Kirchenschiff Platz, in dem man bequem 1500 Mini-Cooper parken könnte. Vom Turm hat man einen der schönsten Blicke auf die Stadt. Auch die kleinste Arbeit des Kirchenbauers Sir Giles Gilbert Scott (1880-1960) hat in der Kathedrale ihren Platz gefunden: die 1924 erfundene rote Telefonzelle mit kleinem Kuppeldach, die zum Vorbild zahlloser Telefonhäuschen wurde.

› *Großbritanniens erste Moschee:* Ein nach einer Marokkoreise zum Islam konvertierter Liverpooler Rechtsanwalt gilt als Gründer der ersten Moschee auf den Britischen Inseln. Das Haus in der West Derby Road (8-10 Brougham Terrace) steht heute unter Denkmalschutz und ist Sitz der nach ihrem Gründer benannten Abdullah Quilliam Society. Sie hat die 1887 eingerichtete Moschee inzwischen aufwendig renoviert.

› *Anfield Road* **24**: Im Stadion an der Anfield Road schlägt das Herz der Stadt. Hier ist der Liverpool FC zu Hause, einer der erfolgreichsten englischen Fußballvereine. Hier ertönt auch bei jedem Heimspiel die legendäre Kicker-Hymne „You'll never walk alone", die auch in deutschen Stadien längst ihre Anhänger gefunden hat.

› *Die erste Straßenbahn Europas:* In Birkenhead erinnert das Wirral Transport Museum (s. S. 62) an die erste, anfangs noch von Pferden gezogene Tram Europas, die dort von 1860 bis 1937 verkehrte, ehe sie von Bussen abgelöst wurde. In Birkenhead stand auch eine der größten Straßenbahnfabriken, in der bis 1913 mehr als 3000 Fahrzeuge gebaut wurden. Die schönsten sind im Museum auf der Halbinsel Wirral zu sehen. Auf der his-

☑ *Besonders beliebt: Stadiontouren wie hier an der Anfield Road* **24***, wo der Liverpool FC zu Hause ist*

115jp Abb.: gs

torischen Tramstrecke vom Museum zum Fähranleger Woodside verkehrt noch heute eine Museumsstraßenbahn, die Besucher ganz nostalgisch von der Mersey-Fähre zur Ausstellung bringt.

> **Liverpool One** 🔴15: Mit Liverpool One verfügt die Stadt über eines der größten Einkaufszentren des Landes. Gut 150 Läden, Hotels, Freizeitzentren, Kinos, Bars und Restaurants gehören zu dem Shoppingparadies in der Stadtmitte.

> **Die erste Eisenbahn:** Die weltweit erste, nach festem Fahrplan organisierte und über eine zweigleisige Strecke geführte Eisenbahnlinie verband seit 1830 Manchester mit Liverpool. „Lion" hieß eine der Loks auf dieser Strecke, die heute im Museum of Liverpool 🔴3 steht und von Zeiten zeugt, in denen sich viele Menschen noch vor den dampfenden Schienenungeheuern fürchteten.

> **Scouse:** Das deftige Liverpooler Nationalgericht (s. S. 97) besteht aus einem Eintopf aus Schafs- oder Lammfleisch, Kartoffeln, Zwiebeln, Karotten oder anderem Gemüse. „Scouse" heißt gleichzeitig auch der schwer verständliche Dialekt, den die Liverpudlians sprechen (s. S. 98).

> **International Beatleweek:** Nirgends auf der Welt genießen die Beatles eine solche Verehrung wie in Liverpool. Jährlich um das letzte August-Wochenende treffen die internationalen Verehrer der Fab Four in der Stadt am Mersey auf die Fans aus Liverpool, um Musik zu hören, Platten und Bücher zu kaufen, vor allem aber um gemeinsam Erlebnisse und Erinnerungen auszutauschen, die ihnen John, Paul, George und Ringo beschert haben.

> **Museum of Liverpool** 🔴3: Stadtgeschichte zum Anfassen – von den Anfängen bis zur Gegenwart. Viele Tausend Ausstellungstücke dokumentieren das Leben am Mersey. Zu erleben sind packende Kicks der lokalen Fußballvereine und Auftritte der Beatles, rasant geschnittene und zum Teil auf 360°-Leinwänden präsentierte Filme. Ein Museum als Erlebniswelt!

⌂ Geschichte ohne Ende – gleich auf mehreren Stockwerken präsentiert das Museum of Liverpool 🔴3 seine Schätze

## Tag 3

### Vormittags

Liverpools Kathedralen, die katholische Metropolitan Cathedral of Christ the King ❷⓪ und die anglikanische Kathedrale ❶⑥, lohnen auf jeden Fall einen Besuch, nicht nur ihrer Größe und Architektur wegen. Beide Kirchen verfügen über kleine Cafés und Shops, die den Aufenthalt verschönern. Wer es exotischer mag: Liverpools Chinesenviertel ist nicht weit.

### Nachmittags

Im Sommer empfiehlt sich ein Ausflug in den Sefton Park (s. S. 84) mit seinem alten Palmenhaus oder zur Speke Hall. Freunden zeitgenössischer Kunst seien das FACT (s. S. 62) oder das Bluecoat Arts Centre ❶④, Liverpools Künstlerhaus, ans Herz gelegt. Wer dann noch Zeit und Lust hat, sollte den Besuch mit einer Schiffstour auf dem Mersey ausklingen lassen – zweifellos die beste Art, von der Stadt Abschied zu nehmen.

11 7/p Abb.: gs

# Stadtspaziergang

*Wer die wichtigsten Sehenswürdigkeiten der Stadt auf einem Rundgang kennenlernen will, ist herzlich eingeladen, dem vorgeschlagenen Weg durch Liverpool zu folgen. Für den Weg sollte man ohne Besichtigungen oder Einkehr im Lokal etwa eineinhalb bis zwei Stunden einplanen. Wenn man sich Zeit nimmt und alles in Ruhe erkunden möchte, ist man allerdings deutlich länger unterwegs. In die Route kann man übrigens an jeder Stelle ein- oder aussteigen und mit Hilfe des Faltplans auch das eine oder andere Viertel am Rand der Tour erkunden.*

Start- und Endpunkt ist das **Albert Dock** ❶, wo man am Ende des Rundgangs noch das eine oder andere sehenswerte Museum aufsuchen oder zum Shoppen in das gegenüberliegende Einkaufsparadies Liverpool One ❶⑤ gehen kann.

Zunächst führt unser Rundgang ans Mersey-Ufer, von wo man am **Museum of Liverpool** ❸ entlang zum **Pier Head** ❹ schlendert. Hinter dem neuen Denkmal für die Beatles schräg gegenüber dem Fährterminal erheben sich mit den sogenannten „Drei Grazien" (s. S. 22) die Prachtstücke des Liverpooler Weltkulturerbes. Zwischen dem Royal Liver Building mit den Liverbirds auf den Turmdächern und dem Cunard Building, das seit Kurzem das neue Museum für Rock- und Popkultur, die **British Music Experience** ❺, beherbergt, führt eine Gasse über die Water Street Richtung Innenstadt. Vorbei am alten **Rathaus** ❼, in das man wenn möglich einen kurzen Blick werfen

◁ *Sollte einmal so groß werden wie der Petersdom in Rom: Liverpools katholische Kathedrale* ❷⓪

118lp Abb.: gs

fɘn sollte, geht es über die Dale Street mit ihren neuen Hotels ins Museumsviertel mit der St. George's Hall , der Walker Art Gallery , dem World Museum Liverpool und der für viele Millionen Pfund renovierten **Central Library** . Einladend und preisgünstig sind die Museumscafés, die zur Mittagspause laden.

Frisch gestärkt geht es vorbei an der neu gestalteten **Lime Street Station** Richtung Südosten bis zur Kirchenruine **St. Luke's Church**, die noch heute an die Zerstörung der Stadt durch deutsche Bomber erinnert.

Die Hardmann Street führt leicht bergauf zur Hope Street , die Liverpools katholische Kathedrale (**Metropolitan Cathedral of Christ the King** ) mit einem größten Gotteshäuser der Welt, der **Liverpool Cathedral** , verbindet. Von diesem Gotteshaus spaziert der Besucher vorbei am großen chinesischen Tor wieder leicht bergab zurück in die Einkaufsregionen der Innenstadt.

Multikulturell und mit vielen kleinen Restaurants zeigt sich die **Bold Street** [K11]. Kultur und Kunsthandwerk ballen sich in und um das **Bluecoat Arts Centre** .

Durch die geschäftige Innenstadt führt der Weg zum **Cavern Quarter** mit dem legendären **Cavern Club** (s. S. 74), dem Hort des Mersey Beat. Über die Castle Street führt unser Stadtspaziergang schließlich vorbei am Albion House zurück zum Albert Dock.

⌂ *Blick aus dem Museum of Liverpool* *auf die „Drei Grazien" am Pier Head*

### Routenverlauf im Stadtplan

Der hier beschriebene Spaziergang ist mit einer farbigen Linie im Stadtplan eingezeichnet.

# Erlebenswertes im Zentrum

*Verlaufen kann man sich in Liverpool eigentlich nicht. Zwei große Kathedralen, die unterschiedlicher kaum sein könnten, bieten immer wieder Orientierung, markieren sie doch den Rand der Innenstadt. Richtung Westen schließt sich das Zentrum an, das im Süden und Osten der Mersey begrenzt. Die nachfolgend vorgestellten Sehenswürdigkeiten kann man zielgerecht mithilfe des beigelegten Faltplans aufsuchen – oder man lässt sich einfach ein wenig treiben, dann trifft man fast automatisch auf eine der Sehenswürdigkeiten. Auf dann!*

### ❶ Albert Dock ★★★ [I12]

*Albert Dock heißt einer von Liverpools Touristen-Magneten. Millionen Besucher verschaffen sich hier jährlich einen Eindruck von der einstigen Hafenmetropole, von Kais und Warenlagern, in denen früher betriebsames Treiben herrschte. Heute geht es im Albert Dock nicht weniger geschäftig zu, es locken Museen, Hotels, Restaurants, Klubs und Bars. Die Tate Liverpool (s. S. 61) wirbt mit moderner Kunst, das Merseyside Maritime Museum (s. S. 59) mit Seefahrtsgeschichte, nebenan wird im International Slavery Museum (s. S. 59) das dunkle Kapitel des Sklavenhandels aufgeschlagen und The Beatles Story ❷ dokumentiert schließlich die Geschichte der Fab Four.*

Das Albert Dock ist das **Kernstück des heutigen Weltkulturerbes** und die größte Gruppe Grad 1 gelisteter Gebäude in England. (Mit Grad 1 markiert der englische Staat Gebäude oder Denkmäler von höchstem architektonischen und kulturellen Wert.) Genau betrachtet ist das Dock eine Ansammlung nüchterner Zweckbauten, für deren Bau man einst in Schottland einen eigenen Steinbruch erschloss. Insgesamt wurden 23,5 Millionen Backsteine verbaut, denen 47.000 t Mörtel Halt verliehen. Alle Gebäude wurden um große, eiserne Gerippe montiert, die später eine individuelle Raumaufteilung erleichtern sollten. Entlang der Kais setzte man dorische Säulen ins Erdgeschoss, viereinhalb Meter hohe Eisenträger, die noch heute Blickfang sind.

Das Albert Dock galt einst als das modernste Lager der Welt, ausgelegt für maximal 250.000 t Ware, feuerfest und technisch ausgereift. Rum, Tabak und Baumwolle wurden hier hauptsächlich umgeschlagen, ab 1848 sogar mit den ersten hydraulischen Kränen der Welt. Außerdem war das Albert Dock die erste Anlage, die nur aus Eisen, Ziegel und Steinen bestand. Eine **architektonische Glanzleistung**, die schnell ihre Bewunderer fand.

Genau betrachtet besteht das Albert Dock aus verschiedenen, untereinander verbundenen Docks und fünf großen Warenlagern. Ältester Teil ist das 1715 fertiggestellte **Old Dock**, an dessen Stelle sich heute das Einkaufszentrum Liverpool One ❶❺ befindet. Es war das erste Trockendock der Welt und der Grundstein für Liverpools Entwicklung zur maritimen Weltmetropole. Inzwischen ist ein Teil des alten Docks wieder der Öffentlichkeit zugänglich. Das Merseyside Maritim Museum (s. S. 59) organisiert von Montag bis Mittwoch und jeden ersten Samstag im Monat um 10.30, 12 und 14.30 Uhr (Voranmeldung unter Tel. 0151 4784499) öffentliche Füh-

062|p Abb.: gs

nungen in die über Jahrhunderte verschüttete und von Archäologen wieder zugänglich gemachte Hafenanlage. Sie erlauben einmalige Einblicke in die Vergangenheit der Stadt und einen Blick auf jenen sumpfigen Untergrund, der am Anfang der Geschichte Liverpools stand und dem die Stadt ihren Namen verdankt. Während das Old Dock nicht mehr genutzt wird, dienen die **Graving Docks**, Liverpools zweitälteste Hafenanlage, heute dem Merseyside Maritime Museum als Freiluft-Ausstellungsfläche.

Im Zweiten Weltkrieg wurde das Albert Dock immer wieder von deutschen Bombern angegriffen. Am Ende des Krieges waren jedoch nur 14 % aller Lagerhäuser zerstört, sodass die Anlage schnell wieder in Ordnung gebracht werden konnte. Gegen die neuen Containerhäfen freilich hatte das Albert Dock wirtschaftlich auf Dauer keine Chance.

Statt aber wie einst angedacht das Dock ganz abzureißen, stellte man es glücklicherweise **unter Denkmalschutz** und wandelte es behutsam in ein Freizeitzentrum um. Die Umwandlung des Albert Dock signalisierte das Ende von Liverpools großer maritimer Geschichte, unterstrich gleichzeitig aber den neuen Anspruch der Stadt als Metropole der Künste und Museen – und als Freizeittreff, dessen Ruf heute ein gutes Dutzend Restaurants, Klubs und Bars unterstreichen.

❭ Infos: www.albertdock.com,
 Bahnstation: James Street

⌂ *Albert Dock: Liverpools Touristenmagnet und Kernstück des heutigen Weltkulturerbes der Stadt*

# Kleine Hafengeschichte Liverpools

Seejungfrauen und Meeresgötter, Anker und Leinen: Überall in Liverpool begegnet man noch heute **maritimen Symbolen.** Sie zieren Laternen ebenso wie Hausfassaden und Denkmäler, Wappen und Standeszeichen, verweisen so auf Liverpools Rolle als Hafenstadt. Für Jahrhunderte diente der Mersey zahllosen Seefahrern als sicherer Ankerplatz - jener Fluss, dessen Uferregionen einst Benediktinermönche mit ihren Fähren zur Besiedlung erschlossen hatten. Keiner aber ahnte damals, dass Liverpool einmal einer der wichtigsten Häfen der Welt werden sollte.

Anfangs stand Liverpool ganz **im Schatten der Nachbarstadt Chester,** das schon früh über einen eigenen Hafen verfügte. In Liverpool hingegen waren im Mittelalter mehr Fischer als Matrosen zu Hause, die sich damals um den „Liver Pool" scharten, eine natürliche Ausbuchtung des Mersey-Flusses. Anno 1540 zählten die Chronisten ganze vier in Liverpool stationierte Schiffe, die gelegentlich ins benachbarte Irland, nach Wales oder zur Isle of Man segelten. Kohle, Eisen, Kupfer, Hopfen, Kleidung und Seife wurden exportiert, Fette, Leinen, Holz, Salzheringe und Fleisch importiert.

Mehrmals jährlich ging es auch Richtung Frankreich, von wo man Wein und Salz mitbrachte. Zur Hafenmetropole aber reifte Liverpool erst in der zweiten Hälfte des 17. Jahrhunderts, als man von hier aus mehr oder minder regelmäßig die Karibik ansteuerte. 1647 lösten sich die Liverpooler deshalb von Chester und **verwalteten ihren Hafen selbst.** Es folgten der Bau neuer Kais und die Professi-onalisierung des Hafenbetriebes, wo schließlich bis zu 5000 Menschen Arbeit finden sollten.

1715 öffnete das **erste kommerziell betriebene Trockendock der Welt.** Damit machte man sich von Ebbe und Flut unabhängig, von rund zehn Meter Wasserstandschwankungen, die das Be- und Entladen der Schiffe immer wieder erschwerten. Weitere Trockendocks kamen hinzu, was zu einer Ausweitung des Schiffsverkehrs und zu einer Intensivierung des Handels führte. Mit Amerika, Afrika und Asien nahmen die Reeder neue Ziele ins Auge, globalisierte sich der Schiffsverkehr mehr und mehr. So wuchs der Frachtumschlag zwischen 1709 und 1800 von 14.600 auf 450.000 Tonnen - und fast gleichzeitig verzehnfachte sich die Größe der Hafenanlagen.

Das meiste Geld verdienten Liverpools Reeder aber mit dem **Sklavenhandel.** Generationen lang pendelten jährlich zwischen 40 und 100 Schiffe zwischen Europa, Afrika und Amerika hin und her, kontrollierte Liverpool die Hälfte der weltweiten Sklaventransporte. Noch immer streiten sich die Gelehrten, wie viele Opfer der sogenannte „afrikanische Holocaust" gefordert hat. Von 12 bis 100 Millionen Menschen reichen die Schätzungen. Ein unrühmliches Kapitel in der Stadtgeschichte, für das sich Liverpools Stadtrat am Ende des letzten Jahrtausends förmlich entschuldigte.

Heute zeichnet das International Slavery Museum (s. S. 59) im Albert Dock dieses Stück Geschichte nach und dokumentiert das Geschäft der Reeder. Ihre sogenannte **„Dreiecks-Route"** gehörte zu den einträglichsten der Welt. Dabei wurden die Schiffe auf dem Weg von England nach Afrika mit Textilien, Alkohol und Waffen beladen, dort mit Sklaven Richtung Westindische Inseln oder Amerika bepackt, von wo es mit Tabak, Baumwolle, Reis, Kaffee und Gewürzen schließlich nach Liverpool zurückging, bis der Sklavenhandel 1807 endgültig verboten wurde.

Mitte des 19. Jahrhunderts war Liverpool der neben London wichtigste Frachthafen Englands, **Umschlagplatz** für die im Hinterland gewonnenen Rohstoffe und Industriewaren, die im Raum Leeds/Manchester erzeugt und auf den neuen Schiffskanälen nach Liverpool gebracht wurden. Gleichzeitig importierten die Briten aus Irland landwirtschaftliche Erzeugnisse und Vieh.

Mit den ersten Eisenbahnverbindungen und den neuen, dampfbetriebenen Schiffen war der **Lebensmittel- und Tierhandel** kein Problem mehr. Die Dampfschiffe verkürzten die Fahrzeit von Irland nach Liverpool auf gut zwölf Stunden, von dort ging es per Schiene weiter bis nach London. Auch Gewürze, Rosinen, Orangen, Zitronen, Feigen, Mandeln, Weine und Brandy wurden jetzt immer häufiger in Liverpool umgeschlagen, dazu Rohstoffe wie Baumwolle, Tabak, Palmöl, Guano, Hanf oder Tierfelle, Salz und Kohle. **Tausende von Hafenarbeitern** transportierten die Waren mit Muskelkraft vom Schiff ins Dock und umgekehrt, meist in Zwölf-Stunden-Schichten. Etwas Erleichterung brachten die ersten hydraulischen Kräne, die erstmals in Liverpool ihren Dienst taten. 1893 baute man den Overhead

Railway, eine der weltweit ersten Eisenbahnstrecken auf Stelzen, die Liverpools Hafenanlagen miteinander vernetzte und den dort Arbeitenden zur An- und Abreise diente.

Liverpool avancierte schließlich im 19. Jh. **zum wichtigsten Passagierhafen der Welt.** So starteten von den 5,5 Millionen Menschen, die zwischen 1860 und 1900 von Großbritannien aus den Atlantik querten, 4,75 Millionen in Liverpool. Allein 1851 fuhren vom Pier Head 455 Schiffe mit insgesamt fast 160.000 Passagieren nach New York. Zum Vergleich: In Bremen waren es im gleichen Jahr nur 132 Schiffe mit knapp 20.000 Amerika-Reisenden.

Schifffahrtsgesellschaften wie die Cunard Line oder die White Star Line, in deren Namen auch die weltberühmte Titanic – jener Luxusdampfer, der bei seiner Jungfernfahrt im Jahr 1912 mit einem Eisberg zusammenstieß – unterwegs war, mehrten Liverpools Ruhm als Hafenstadt. Ozeandampfer wie die Lusitania oder die Empress of Ireland, deren verkleinerte Nachbauten heute im Maritime Museum (s. S. 16) im Albert Dock zu bestaunen sind, karrten Tausende Auswanderer über den Atlantik. Rund um das Pier Head, Liverpools Tor zur neuen Welt, errichteten Hafenverwaltung und Reedereien **prächtige Bauten,** die heute zum Weltkulturerbe gehören.

Auch Englands Militärstrategen wussten um die Qualität des Liverpooler Hafens – zum Unmut deutscher Militärs, denen die Vormachtstellung der Briten auf den Weltmeeren schon im Ersten Weltkrieg gegen den Strich ging. Immer wieder attackierten sie deshalb britische Schiffe *wie die Lusitania, die ein deutsches U-Boot anno 1915 versenkte. Auch im **Zweiten Weltkrieg** galt Liverpools Hafen Deutschlands Militärs als wichtiges strategisches Ziel, von dem auch eine Ausstellung in einem nachgebauten U-Boot ㉗ in Woodside (Stadtteil von Birkenhead) erzählt.*

*Nach dem Krieg war Liverpools Hafen nur noch einer von vielen. Die Zeiten hatten sich geändert: Im Passagierverkehr nach Amerika hatte das Flugzeug die Nachfolge der großen Atlantik-Liner angetreten, im Warenverkehr riesige Containerschiffe die alten Frachter abgelöst. Für Liverpools Hafen hatte das **dramatische wirtschaftliche Folgen**. Wurden von hier Ende der 1960er-Jahre noch fast ein Viertel der Fabrikwaren Englands exportiert, waren es zum Jahrtausendwechsel nicht mal mehr ein Zehntel – trotz des neuen, modernen Containerhafens im Norden der Stadt.*

*Inzwischen aber hat sich das Bild gewandelt. Längst ankern die größten Kreuzfahrtschiffe der Welt wieder am Pier Head ❹ und riesige Containerschiffe schlagen am Mersey ihre Waren um. Inzwischen erstrecken sich neue Hafenanlagen über viele Kilometer am Mersey entlang. Investitionen von mehr als einer halben Milliarde Euro haben hier Gestalt angenommen.*

*Von den neuen Hafenanlagen sollen übrigens auch Deutschland, Österreich und die Schweiz profitieren. Denn statt in Rotterdam will man US-Importe künftig in Liverpool löschen und anschließend per Bahn durch den Kanaltunnel weiter nach Europa transportieren. So zumindest sind die Pläne, die der Brexit aber zunichte machen könnte.*

## ❷ The Beatles Story ★★ [I12]

„The Beatles Story" erzählt die Geschichte der Fab Four von ihren Kindertagen bis zur Auflösung der Gruppe. Beatles-Manager Brian Epstein, Paul McCartney, Cynthia Lennon und George Martin sind nur einige der Prominenten, die im Originalton den Aufstieg der Gruppe zur erfolgreichsten Boygroup der Welt dokumentieren.

Am beeindruckendsten aber sind die maßstabsgerechten **Nachbauten ihrer Erfolgsstätten**. Dazu gehört die Bühne des Cavern Club ebenso wie der Eingang zum Hamburger Star-Club. Originalgetreu nachgebildet wurde auch der Cashbah Coffee Club, in dem die frühen Beatles, die damals noch mit Pete Best am Schlagzeug trommelten, gern zu Gast waren. Außerdem finden sich im Museum John Lennons „White Room" mit dem großen Klavier und das Büro, in dem einst die Zeitschrift „Mersey Beat" ediert wurde, das Sprachrohr der Liverpooler Beatgeneration. Weitere Sehenswürdigkeiten sind Harrisons erste Gitarre und von den Beatles getragene Anzüge.

Am Pier Head gibt es einen Ableger des Museums, in dem jährlich Sonderausstellungen stattfinden. Die Eintrittskarten, die man am besten schon von zu Hause aus online kauft, gelten für beide Häuser.

› www.beatlesstory.com, Tel. 0151 7091963, April-Okt. tgl. 9 – 19 (letzter Einlass: 18 Uhr), Nov. – März tgl. 10 – 18 Uhr (letzter Einlass: 17 Uhr), Eintritt: Erwachsene 15,95 £, Kinder (5 – 16 Jahre) 9,50 £, Bahnstation: James Street

▷ *Spektakulärer Hort der Stadtgeschichte: das Museum of Liverpool*

## ❸ Museum of Liverpool ★ ★ ★     [I11]

Es ist Englands vielleicht spektakulärster Museumsbau und eines der größten Stadtmuseen Europas: das Museum of Liverpool. Über drei Geschosse gibt es einen umfassenden Überblick über die Historie der Stadt und ihrer Menschen – und das alles kostenlos, auch wenn die Museumsmacher eine kleine Spende für ihre Mühen erwarten. Und natürlich gehört auch zu diesem Museum ein gut sortierter Shop samt Café.

Originaldokumente, Fotos und Gemälde, Plakate, Filme, Kleider und andere Gegenstände erinnern an Schauspieler, Dichter, Komiker, Künstler und Sportler der Stadt, an **Menschen, die am Mersey von sich reden machten** und deren Geschichten hier erzählt werden. Eindrucksvolle Filme zeigen im Obergeschoss, wie die Beatles die Stadt berühmt machten und wie die Kicker Liverpools den Fußball auf der Insel prägten.

**EXTRATIPP**

### Das Liverpooler Riesenrad

Vom „Wheel of Liverpool" bietet sich einer der besten Blicke über die Stadt und den Mersey. 42 Gondeln bringen den Besucher gewöhnlich viermal auf 60 Meter Höhe. Der Höhenflug ist allerdings teuer und nur bei bestem Wetter sinnvoll.

★ **18** [I12] **The Wheel of Liverpool,** Keel Wharf, Liverpool L3 4FN, Tel. 0151 7098651, www.freijwheels. com, So.–Do. 10–21 Uhr, Fr. 10–23 Uhr, Sa. 9–23 Uhr, Erwachsene 10 £, Familienticket (2 Erw. und 2 Kinder) 30 £

„Lion" heißt die **Dampflok,** die anno 1838 Liverpool mit Manchester verband und heute ebenso im Museum zu finden ist wie die Hochbahn (**Liverpool Overhead**), eine Elektrobahn, deren Schienen auf Stelzen standen und die ab 1893 lange Zeit in der Stadt fuhr.

119lp Abb.: gs

**Fußballgeschichte** ist im Museum aber auch zum Anfassen. So kann man alte Lederbälle ebenso in die Hand nehmen wie ihre synthetischen Nachfahren oder Spielertrikots anfassen – ein rund 100 Jahre altes Baumwolltrikot des Everton FC und ein Polyester-Hemd der Liverpool-FC-Kicker.

Holzbalken eines Hauses und zahllose Tonscherben, Münzen und Knochen zeugen vom **mittelalterlichen Liverpool.** Der modernen und weltoffenen Stadt ist eine kleine Schau über die **schwule und lesbische Bewegung** gewidmet.

Der Interaktivität sind im Museum kaum Grenzen gesetzt. So kann man stundenlang auf Bildschirmen surfen und immer tiefer in die **Stadtgeschichte** eintauchen. Für Kinder gibt es im Erdgeschoss mit Little Liverpool eine eigene Erlebniswelt.

› Pier Head, Liverpool L3 1DG, Tel. 0151 4784545, www.liverpoolmuseums.org. uk, tgl. 10–17 Uhr, Eintritt frei

## ❹ Pier Head und Mersey-Fähre ★★★ [H11]

Nur ein paar Schritte neben dem Museum of Liverpool ❸ findet sich der Pier Head, ein weiteres Stück Liverpooler Weltkulturerbe. Die Uferfront gilt als **Schokoladenseite der Stadt,** die im späten Sonnenlicht ihren ganzen Charme entfaltet. Sie wurde in den letzten Jahren einem millionenteuren Facelifting unterzogen und mit vielen Denkmälern ausgestattet. Blickfang sind die **vier Bronzestatuen der Beatles,** inzwischen das sicher am meisten fotografierte Denkmal der Stadt.

Royal Liver Building, Cunard Building und Port of Liverpool Building heißen die drei Prachtbauten am Pier Head, in Liverpool als die „**Drei Grazien**" *(Three Graces)* bekannt.

Anno 1907 wurde das **Port of Liverpool Building** als erstes großes Bauwerk an der neuen Uferpromenade

O63Ip Abb.: gs

errichtet. Es war das Hauptquartier des Mersey Dock and Harbour Board, der wichtigsten Schifffahrtsbehörde damals. Meterhohe Frauenfiguren, die Kommerz und Industrie verkörpern sollen, flankieren den Haupteingang des 13-stöckigen, neobarocken Prachtbaus.

Schon ein Jahr nach der Fertigstellung des Port of Liverpool Building begann man mit dem Bau des **Royal Liver Building.** Architektonisch fiel das 1911 vollendete Gebäude völlig aus dem Rahmen, verbanden sich in ihm doch Art Nouveau, barocke und byzantinische Elemente zu einem ganz neuen Stil, den man bis dahin nur aus Amerika kannte. Auf das Dach setzte man kleine Türmchen und Kuppeln, auf die beiden Uhrtürme die berühmten Liver Birds, zwei große Vögel aus Kupfer, die heute mit halb ausgebreiteten Flügeln über der Stadt thronen und als Wahrzeichen der Stadt gelten.

Zwei Jahre später wurde mit dem **Cunard Building,** das mehr einem italienischen Palazzo als einem Schifffahrtsbüro gleicht, die Lücke zwischen den beiden Bauten geschlossen. Der damalige Wolkenkratzer wurde zum Hauptquartier der noch heute existierenden Schifffahrtslinie Cunard. Wieder hatten sich die Architekten amerikanische Bauten zum Vorbild genommen und auch bei der Inneneinrichtung an nichts gespart. Besonders aufwendig wurde der Warteraum für die Erste-Klasse-Passagiere ausgestattet, die man auf diese Weise stilvoll auf die lange Reise über den Atlantik einstimmen wollte. Heute birgt das Haus mit der neuen **British Music Experience** 5 ein einzigartiges Museum zur britischen Rock- und Popmusik.

Am nördlichen Pier Head finden sich heute die **Anlegestellen der großen Kreuzfahrtschiffe** und ein **Denkmal**, das an ausgesuchte **Opfer des Titanic-Untergangs** erinnert - vor allem an die 244 Matrosen im Maschinenraum, die auf Befehl des Kapitäns bis zuletzt aushalten mussten, um auch im sinkenden Schiff noch für Strom zu sorgen. Am südlichen Ende mündet der mehr als 150 Kilometer lange Schiffskanal von Leeds über Manchester nach Liverpool. Und dazwischen ist das Terminal der weltberühmten **Mersey-Fähren.**

Sie verbinden die Stadt mit der Halbinsel Wirral, die in Woodside und Seacombe auch touristisch einiges zu bieten hat. Mit der U-Boat Story 27, dem Spaceport 26 und dem Aquarium 29 locken drei populäre Freizeitattraktionen. Ermäßigte Eintrittskarten für diese Anlagen kann man gleich mit dem Fährticket erwer-

113lp Abb.: gs

*Von der Mersey-Fähre hat man den besten Blick auf die „Skyline“*

*Liverpools Schokoladenseite mit den zum Weltkulturerbe gehörenden „Drei Grazien“ (im Vordergrund der Schiffskanal nach Leeds)*

ben, das man für die Rückfahrt aufheben muss.

Empfehlenswert ist eine Tour auf dem Mersey bei gutem Wetter eigentlich immer. Die knapp einstündigen River-Explorer-Touren starten täglich ab 10 Uhr zu jeder vollen Stunde am Pier Head. Die letzte Rundfahrt-Fähre verlässt den Kai um 16 Uhr (Fahrzeiten im Winter: 11–15 Uhr). Nostalgiker können auf den Rundfahrtschiffen noch den alten Liverpool-Spirit fühlen – vor allem dann, wenn Gerry Marsdens legendärer Song aus den Bordlautsprechern krächzt: „So Ferry 'cross the Meeeerseyyyyyyy 'cause this land's the place I love and here I'll stayyyyyyyyyy …"

> Mersey Ferries, Victoria Place, Seacombe, Wallasey, Wirral CH44 6QY, www.merseyferries.co.uk, Tel. 0151 3301444, River-Explorer-Tour: 10 £ (Onlineticket 9 £), Bahnstation: James Street

152 Ip Abb.: gs

### ❺ British Music Experience ★★ [I11]

„Do you really want to hurt me?" schmachtet Boy George in bunten Kultklamotten. Klänge, welche die britische Popgruppe „Culture Club" mit ihrem Leadsänger in aller Welt bekannt machte. Jetzt steht die Popikone der 1980er-Jahre auf der Bühne des neusten Museums in Liverpool. Dank eines Hologramms, der Herstellung, Speicherung und Wiedergabe dreidimensionaler Bilder, welche die Vergangenheit in die Gegenwart rücken.

Boy Georges Auftritt ist nur eine von vielen Attraktionen in der British Music Experience. **Harvey Goldsmith,** einer der renommiertesten Konzert-Promoter Großbritanniens, der einst Popgrößen wie Elton John, Rod Stewart, die Rolling Stones, Pink Floyd oder Genesis durch die Lande schickte, gehört zu den Vätern der Ausstellung. Ein Teil war früher in London zu Hause, wo die Schau aber nicht die Resonanz fand, die man sich jetzt in Liverpool erhofft.

Ausgestattet mit einem staatlichen Zuschuss von 2,6 Millionen Pfund, hat sich das als Stiftung gegründete Museum der **Dokumentation der Geschichte britischer Popmusik** verschrieben. Rund 600 Bühnenkostüme, u. a. das **Tourneekleid von David Bowie,** Instrumente von z. B **Jimi Hendrix** oder Ex-Rolling-Stone **Bill Wyman,** Tausende von Fotos, 90 Stunden Filmmaterial und handgeschriebene Songtexte von Amy Winehouse und anderen zeugen vom Schaffen britischer Musiker, mehr aber noch von **kulturellem Wandel,** von rhythmischen Moden und akustischen Stilen, die von England aus die Welt eroberten.

Besonders spannend wird es zum Schluss der Liverpooler Musikschau, wo man sich ein Schlagzeug oder eine der Gitarren schnappen kann, mit denen die Großen der Größten einst auftrumpften. Erfahrene Musiker stehen jedem Neugierigen mit Rat und Tat zur Seite, fühlt sich das Museum doch auch der **musikalischen Schulung** verpflichtet. Kein Wunder, dass Schulklassen aus dem ganzen Land zu den Besuchern gehören. Da passt es auch, dass man statt einer Eintrittskarte wie bei Rockkonzerten üblich ein Bändchen ums Handgelenk geklebt bekommt.

❯ **British Music Experience,** Cunard Building (Canada Boulevard), Liverpool L3 1DS, Ticket-Hotline: 0344 3350655, www.britishmusicexperience.com, tgl. 10–17 Uhr (Einlass bis 90 Minuten vor Schließung), Eintritt 16 £ (Familienticket 43 £), interaktive Audioguides in deutscher Sprache sind bei Vorausbuchung im Internet kostenlos

### ❻ Albion House (White Star Building) ★★ [I11]

Das für die spätere White Star Line erbaute Haus gehört zu den architektonisch ausgefallensten in Liverpool. Die Fassade des denkmalgeschützten Baus besteht vertikal abwechselnd aus weißem Stein und roten Ziegeln – daher nennen die Liverpudlians das Haus auch *streaky bacon building,* also „Durchwachsener-Speck-Gebäude". Nach dem Untergang der Titanic, eine der größten Schiffskatastrophen der Welt, verlasen die Manager der Reederei vom Balkon des Hauses die Namen der Toten.

Heute beherbergt das Albion House die Gäste des **Titanic-Themenhotels 30 James Street** (s. S. 123). Das für umgerechnet 7,5 Millionen Euro um-

gebaute Gebäudeensemble bietet neben Luxuszimmern und -apartments im Titanic-Look auch ein Restaurant, das dem Original-Speiseraum auf der Titanic nachempfunden wurde.

❯ 30 James Street, Station: James Street

### ❼ Town Hall ★★ [I10]

*Zu den Glanzstücken des Liverpooler Weltkulturerbes gehört die Stadthalle. Sie gilt als eines der schönsten Gebäude aus georgianischer Zeit – ein architektonisches Juwel, das von innen noch prächtiger wirkt als von außen. Ursprünglich wurde der Prachtbau als Börse genutzt, zwischen den großen Arkaden im Erdgeschoss herrschte geschäftiger Handel.*

1749 hatte man mit dem Bau begonnen, der 1754 fertig war. 1802 setzte man ihm die große **Kuppel** auf, die vier Uhren zieren, flankiert von Löwen und Einhörnern. Obenauf thront Minerva, die römische Göttin der Weisheit, eine mit Blattgold belegte Terrakotta-Statue. Mit der Fertigstellung des großen Ballsaals hatte die Town Hall 1820 schließlich zu ihrer heutigen Form gefunden.

Schon die Eingangshalle strotzt vor Schönheit. Wandfresken erzählen aus der Geschichte der Stadt, vor allem von ihrer Gründung durch König Johann Ohneland. Beeindruckend ist die von hier nach oben führende Freitreppe, die schönste Liverpools, die einen einmaligen Blick in

◁ *Das neue Museum British Music Experience zeigt Hunderte von Devotionalien der Rock- und Popgeschichte*

## Die Titantic – Liverpools Luxusliner

*Kein anderes Passagierschiff ist bekannter und hat größere mediale Aufmerksamkeit gefunden als die Titantic. Sie war das Prunkstück der Liverpooler Reederei White Star Line und bei ihrer Jungfernfahrt das größte Schiff der Welt. Keiner ahnte damals, das gleich der erste Praxistest für mehr als 1500 Passagiere tödlich enden sollte. 300 Seemeilen östlich von Neufundland kollidierte das damals modernste Schiff der Welt am 14. April 1912 kurz vor Mitternacht mit einem Eisberg und sank knapp drei Stunden später. Es handelte sich um eine der größten Katastrophen in der Geschichte der Seefahrt. Sie inspiriert noch heute Romanautoren, Filmemacher und Musiker zu immer neuen Werken.*

*Die Titantic war das Ergebnis eines gnadenlosen Wettbewerbs, den sich vor allem die beiden lange Zeit in Liverpool beheimateten Reedereien White Star Line und Cunard Line lieferten. Das Cunard Building am Pier Head und das Albion House ❻ an der Ecke von James und Strand Street, in dem sie ihren Sitz hatten, gehören heute zum Weltkulturerbe der Stadt. Beide Gesellschaften unterhielten regelmäßige Schiffsverbindungen nach Amerika, die im Lauf der Jahre immer schneller wurden. So brauchten die White-Star-Schiffe der ersten Generation fast acht Tage für die Überfahrt nach New York. Schneller waren schließlich die Dampfer des Konkurrenten Cunard, der im Kampf um das „Blaue Band", mit dem man die schnellste Überfahrt nach Amerika würdigte, immer häufiger punktete und an der 6-Tage-Grenze für die Fahrt nach Amerika kratzte.*

*Ende des 19. Jh. gab man bei der White Star Line, die inzwischen von Liverpool auch eine regelmäßige Verbindung nach Neuseeland unterhielt, neue Rekordschiffe in Auftrag, die auf Anhieb das „Blaue Band" zurückholten. Da man in Sachen Geschwindigkeit aber schon bald wieder nicht mehr mit der Konkurrenz mithalten konnte, änderte man die Firmenpolitik: Nicht mehr mit Schnelligkeit wollte man jetzt punkten, sondern mit Größe und Komfort. Dieser Philosophie entsprang schließlich die Titantic mit ihren eleganten Suiten, Rauchersalons und Speisesälen und einem für die Passagiere der ersten Klasse reservierten Promenadendeck. In der dritten Klasse schlief man weiterhin in engen Kabinen mit bis zu vier Doppel- und Hochbetten.*

*Mit fast 300 m Länge, knapp 30 m Breite und einem Tiefgang von 10 m präsentierte sich die Titantic als besonderes Prachtstück, das wegen seiner vollautomatischen Wasserschutztüren als „praktisch unsinkbar" galt. Drei Propellerschrauben sorgten für eine Reisegeschwindigkeit von knapp 40 km/h. Im Schiffsbauch wurde der Dampfer mit täglich bis zu 640 t Kohle gefüttert, die in 29 Kesseln verschwanden und in 19 m hohen Schornsteinen in den Himmel geblasen wurden. Zu den Luxuseinrichtungen an Bord zählte die Elektrik, die vier dampfbetriebene Generatoren speisten. Auch das Schwimmbad war elektrisch geheizt. 10.000 Glühlämpchen spendeten Licht, mehr als 500 Heizkörper sorgten für Wärme. Die bordeigene Elektrik versorgte auch Fahrstühle und Kücheneinrichtungen wie Bratöfen und*

Tellerwärmer, Eismaschinen, Kartoffelschäler, Teigmixer und Fleischwölfe. Modernes Equipment, das an Bord auch ein À-la-carte-Essen erlaubte.

Platz für 2400 Passagiere bot die Titanic, um die sich rund 900 Besatzungsmitglieder kümmerten, einschließlich einer kompletten Bordkapelle. Nicht einmal 300 Personen sorgten für den eigentlichen Schiffsbetrieb, darunter 167 Heizer, 71 Kohlentrimmer und 33 Maschinenfetter, wie sich die Spezialisten im Schiffsbauch nannten.

Mit rund 2200 Passagieren ging der Luxusliner schließlich auf seine erste große Fahrt. Viel Prominenz zählte dazu, vor allem Vertreter von Industrie und Handel. 72,5 t Fleisch und Fisch hatte man unter anderem zur Jungfernreise gebunkert, 400 kg Tee und 1100 kg Kaffee, außerdem viele Tausend Flaschen Alkohol. Das irische Queenstown (heute: Cohb), wo noch einmal ein paar Passagiere zustiegen, war die letzte europäische Station auf der Reise von Southhampton nach New York.

Warnungen vor Eisfeldern und Eisbergen gingen während der Überfahrt gleich mehrfach bei den Bordfunkern ein, die diese Sicherheitshinweise allerdings wegen der Übermittlung privater Telegramme nicht an die Männer am Schiffssteuer weiterleiteten. Am 14. April kurz vor Mitternacht rammte die Titanic so einen riesigen Eisberg, der ein Loch in den Bug riss und das Schiff langsam flutete. Schon wenig später begann die Evakuierung der Passagiere. Hunderte – vor allem Kinder und Frauen – wurden in Rettungsbooten zu Wasser gelassen. Weil das Schiff aber lange Zeit noch relativ stabil im Meer lag und das achtköpfige Bordorchester immer weiter musizier-

te, glaubten viele Passagiere, sie seien auf dem Dampfer sicherer als in den Rettungsbooten. Ein fataler Irrtum.

Gut zwei Stunden nach der Kollision mit dem Eisberg zerbrach der Schiffsrumpf und das Heck richtete sich steil auf. Ein Moment, der Filmgeschichte machte, als sich in einem 1997 veröffentlichten Spielfilm über den Untergang der Titanic Leonardo DiCaprio und Kate Winslet auf dem auseinanderbrechenden Luxusliner ihrer Liebe versicherten. Hunderte trieben gleichzeitig hilflos im eiskalten Wasser. Am Ende zählte der offizielle britische Untersuchungsbericht zwischen 1490 und 1517 tote Passagiere und Besatzungsmitglieder, darunter den Kapitän. Nur 711 Menschen überlebten die Katastrophe.

In Liverpool ist die Titanic und ihr Schicksal bis heute unvergessen. Im Merseyside Maritime Museum (s. S. 59) am Albert Dock erzählt eine große Ausstellung ihre Geschichte: Der Ozeandampfer ist zwar auf gut sechs Meter verkleinert, aber originalgetreu nachgebaut. Am nördlichen Ende des Pier Head ❹ erinnert ein fast 15 m hoher Granitstein an die Opfer: vor allem an die zahlreichen Schiffsingenieure, die auf Befehl des Kapitäns bis zum Schluss ausharren mussten, um die elektrische Versorgung auf der Titanic sicherzustellen, die erst zwei Minuten vor dem endgültigen Untergang ausfiel.

An die Musiker der Bordkapelle, die ebenfalls bis zum Schluss aufspielten, erinnert ein Memorial im Foyer der Philharmonic Hall ❶❾. Während die Passagiere in die Rettungsboote stiegen, begleiteten sie die Musiker mit Ragtime-Klängen. Auch von ihnen überlebte keiner.

die blau und golden ausgemalte, gut 32 m hohe Kuppel gewährt. Oben finden sich die städtischen Repräsentationsräume einschließlich des großen Balkons, auf dem Großbritanniens Monarchen ebenso standen wie die Beatles, die sich hier 1964 von den Liverpudlians für ihre ersten Welthits feiern ließen.

Prunkstück ist der **große Ballsaal**, der heute, wenn ihn nicht gerade die Stadt nutzt, Hochzeitsgesellschaften oder Filmcrews als eindrucksvolle Kulisse dient. Drei der wertvollsten europäischen Lüster hängen hier: achteinhalb Meter hohe und mehr als eine Tonne schwere Leuchter aus jeweils über 20.000 Kristallglasteilchen, unbezahlbare Unikate heute.

Leider sind die Besuchsmöglichkeiten eingeschränkt. Hin und wieder gibt es Führungen und wer Glück hat, dem erlaubt einer der Türsteher vielleicht einen kurzen Blick ins Innere.

❯ High Street, Liverpool L2 3SW, Tel. 0151 2333020, www.liverpoolcityhalls. co.uk, Bahnstation: James Street oder Moorfields

## ❽ Cavern Quarter ★★★ [J10]

Das Herz dieses Viertels ist der 1957 eröffnete **Cavern Club** (s. S. 74), in dem anfangs authentischer Jazz, schon bald aber Skiffle und schließlich Beat gespielt wurde. Die Beatles, heißt es auf einem Schild in Bühnennähe, spielten hier zwischen dem 9. Februar 1961 und dem 3. August 1963 genau 292 Mal. Große finanzielle Erfolge waren dem kleinen Cavern Club freilich nie beschieden, obwohl dort Giganten wie The Who, Eric Clapton oder The Rolling Stones auftraten. 1973 machte der Klub deshalb dicht und räumte seinen Platz für den Bau der neuen Metro. 1984 aber meldete sich der Cavern Club wieder zurück, nur ein paar Schritte neben dem ehemaligen Klub wurde er unter Verwendung vieler Originalsteine neu aufgebaut.

1994 öffnete der **Cavern Pub** gegenüber, neben dessen Eingang eine Statue John Lennons steht. Ein paar Schritte weiter findet sich die **Liverpool Wall of Fame**. Mehr als 50 kleine, runde Bronzetafeln, die an Num-

120ip Abb.: gs

mer-Eins-Hits Liverpooler Künstler in den britischen Charts von 1953 bis heute erinnern – von Lita Roza's Hit „How Much is that Doggie in the Window?" bis Atomic Kitten's „The Tide is High". Wieder ein paar Schritte weiter findet sich eine Statue mit dem Titel „Four Lads Who Shook The World", darunter ein kleiner Engel mit Gitarre, der nach dem Tod John Lennons hinzugefügt wurde.

Seit den 1970er-Jahren hat das Cavern Quarter sein Gesicht komplett verändert. Aus dem schmutzigen Vergnügungsviertel von einst, durch das sich die Autos quetschten, ist **eine touristische Amüsiermeile geworden**, eine Fußgängerzone mit Klubs, Pubs und Restaurants. Am Eingang zur Mathew Street befindet sich das Hard Days Night Hotel (s. S. 124), das erste Beatles-Themen-Hotel der Stadt. Nur wenige Kneipen aus der Beatles-Ära haben bis heute hier überlebt. Eine ist der „White Star Pub" (2–4 Rainford Gardens), in denen die Fab Four und andere im Cavern Club gastierende Gruppen hin und wieder ihren Durst löschten – gab es im Cavern doch anfangs meist keinen Alkohol.

Das hat sich geändert. Heute steht das Cavern Quarter für Feiern satt und Tausende von Erlebnishungrigen verwandeln vor allem am Wochenende die **Mathew Street,** das Epizentrum des Liverpooler Nachtlebens, in eine einzige **Partyzone.** Dann ist hier die Hölle los und das Volk amüsiert sich, ohne groß auf Etikette zu achten.

### ❾ St. George's Hall ★★ [K10]

*Mit einem dreitägigen Musikfest wurde Liverpools erste große Konzerthalle 1855 in Betrieb genommen. Ein Meisterstück der Architektur, ein neoklassizistisches Juwel mit griechisch anmutendem Äußeren und römischem Inneren, das manchen Betrachter einst an Roms Caracalla-Thermen erinnerte.*

Heute verbirgt sich die Ruhmeshalle hinter gewaltigen Bronzetüren, in ihrem Mittelpunkt ein allegorisch fast überfrachteter Saal mit riesiger Orgel. Mozart, Beethoven und Haydn sind Namen, die sich auf den Wänden finden. Ihrer Musik lauschen Liverpools Bürger hier noch immer gern.

**EXTRATIPP**

### Geisterwanderung

Spannung und Abenteuer versprechen die „Shiverpool Tours", Stadtrundgänge auf den Spuren geheimnisvoller und dunkler Gestalten. Kostümierte Führer begleiten die Besucher abends durch Liverpools Unterwelten.
› www.shiverpool.co.uk

🔼 *St. George's Hall mit der Reiterstatue von Prinz Albert*

◀ *Die „Shakers" sind die Hauskapelle im Cavern Club (s. S. 74)*

## Yeah, Yeah, Yeah – ein Sound geht um die Welt

*Es waren die Beatles, die Liverpool in aller Welt bekannt machten. Am Mersey stand die* **Wiege des Beat,** *jenes typischen Gitarrensounds, den junge, weiße Klangkünstler vor einem halben Jahrhundert aus Skiffle, Rock 'n' Roll und Blues entwickelten. Mit ihrer Musik verkörperten John, George, Paul und Ringo ein neues Lebensgefühl, Millionen meist junger Menschen fühlten sich von ihren Rhythmen und Texten beseelt. Hit-Lieferanten wie Echo & The Bunnymen, Frankie Goes to Hollywood, Orchestral Manoeuvres in the Dark, Atomic Kitten, Melanie C, Ladytron, A Flock of Seagulls oder The Coral halten Liverpools musikalische Reputation bis heute am Leben.*

*Wie viele Hafenstädte hatte auch Liverpool* **schon immer eine lebendige Musikszene.** *Schließlich galt es, Zehntausende von Matrosen auf ihren Landgängen bei Laune zu halten, nicht nur mit Seemannsliedern. Und auch die Dockarbeiter waren für jede Stunde Abwechslung dankbar, die ihnen die Klubs und Bars mit ihren Musikern versprachen. Jahrhundertelang aber war Liverpools Musikszene nur eine von vielen.*

*Das änderte sich in den späten 1950er-Jahren, als mit dem* **Skiffle** *eine neue musikalische Stilrichtung am Mersey Einzug hielt: eine Mischung aus Folk und Jazz, oft bestimmt von einfachsten Instrumenten wie Waschbrett oder Mundharmonika. Daneben existierte der Rock 'n' Roll, dem Musiker wie* **Billy Fury** *verpflichtet waren, der die gleiche Schule wie der spätere Beatles-Drummer Ringo Starr besuchte. Fury, der eigentlich*

*Ronald William Wycherley hieß, verkörperte den Liverpooler Rock 'n' Roller. Er war der angeblich erste Brite, der in den US-Musik-Charts aufgetaucht war. Amerikanische Seeleute hatten dem 1940 geborenen Teenager auf einem Mersey-Schlepper Country- und Western-Lieder beigebracht, ehe er sich mit Skiffle und Rock 'n' Roll in den Cafés und Bars der Stadt verdingte. Am Rand des Albert Dock haben die Liverpudlians dem 1983 verstorbenen Musiker ein Denkmal gesetzt. Hin und wieder zieren es frische Blumen, Geschenke seiner Fans, die er in den 1960er-Jahren mit immer neuen Top-Twenty-Hits verwöhnte.*

*Zum wirklichen Mersey-Sound aber wurde schließlich der Beat, der wegen seiner Eingangstakte und anderen Rhythmusfolge im Gegensatz zum Rock 'n' Roll musikalisch homogener wirkte. Gruppen wie Gerry and The Pacemakers fühlten sich ihm verpflichtet oder auch Cilla Black, die im Cavern Club als Garderobenfrau gearbeitet hatte, einem 1957 gegründeten Klub im Herzen der Stadt, der heute allgemein als Keimzelle des Mersey Beat gilt.*

*1960 organisierte der* **Cavern Club** *die erste Beat Night mit Rory Storm and The Hurricanes, an deren Schlagzeug kein Geringerer als Ringo Starr saß. Es war der Auftakt zu einer musikalischen Revolution mit weltweiten Folgen. Cavern-Club-Größen wie Billy J. Kramer and The Dakotas, The Swinging Blue Jeans, The Remo Four, Gerry and The Pacemakers oder The Searchers etablierten den Beat, der schließlich zur Hitparaden-Mar-*

ke wurde. Mehr als dreihundert lokale Gruppen, meist Gitarren-Trios oder -Quartetts spielten damals in der Stadt, von denen die Beatles später Weltgeschichte schreiben sollten.

**Grundstein der Beatles** war ein Pfarrfest im Vorort Woolton. Im Juli 1957 trafen Paul McCartney und John Lennon, der damals mit den „Quarry Men" eine von vielen Liverpooler Schülerbands formiert hatte, dort erstmals zusammen. Es war der Anfang einer Freundschaft, der die Welt zahllose Hits verdanken sollte. Zwei Jahre später wurden aus den „Quarry Men" die „Moondogs", wieder ein Jahr später die „Silver Beatles", die als Begleitband von Tony Sheridan schließlich in Hamburg von sich reden und ihre ersten Plattenaufnahmen machten. Dort wurden ihnen auch jene Frisuren verpasst, die zum Markenzeichen der „Pilzköpfe" wurden. Im August 1962 filmte ein Fernsehteam erstmals einen Auftritt der Beatles im Cavern Club, dem kurze Zeit später mit „Love Me Do" die erste offizielle Single in Großbritannien folgte - einer von über 1,3 Milliarden Tonträgern, welche die Beatles bis heute verkauft haben.

Liverpools Musikszene aber war schon damals **mehr als nur die Beatles.** Neben den klassischen Gitarrengruppen gab es eine **große Country-Gemeinde** am Mersey, weshalb die Stadt gern auch „Nashville des Nordens" genannt wurde. Und es gab eine kleine Soul-Szene, die hauptsächlich farbige Musiker bestimmten. Dutzende von großen und kleinen Klubs boten ihnen Auftrittsmöglichkeiten, hinzu kamen Hallen und Pfarrheime, in denen sich die meist jungen Leute einem immer größer werdenden Publikum präsentieren konnten.

Im Jahre 1965 kam Allan Ginsberg, der Dichter der Beatgeneration, nach Liverpool, um die Stadt zum „Zentrum des Bewusstseins des Universums" zu erklären. Er propagierte **psychedelische Musik und bewusstseinserweiternde Drogen** - eine Botschaft, die schließlich auch die Beatles erreichte. Ihre Drogen- und Meditationserfahrungen schlugen sich musikalisch in neuen, experimentellen Alben nieder. Im Jahr 1970 aber war das gemeinsame künstlerische Potenzial der Beatles aufgebraucht, die sogenannten „Fab Four" lösten sich auf.

Das Ende der Liverpooler Musikszene aber war das nicht - im Gegenteil. Immer wieder betraten neue Bands die Bühne, öffneten neue Lokale, die Livemusik präsentierten. Eines war Eric's Club in der Mathew Street [J10], wo Gruppen wie Echo & The Bunnymen oder Frankie Goes to Hollywood erste Erfolge feierten. Ende der 1980er-Jahre aber musste auch dieser Klub schließen, da riesige Tanzhallen wie das „Cream" in Mode kamen, die auf prominente Discjockeys statt Livemusik setzten.

Heute zeigt sich Liverpools **Musikszene bestens erholt.** Gruppen wie The Zutons, The Wombats, The Lightning Seeds oder Ladytron stehen für die neuen Töne aus der Stadt.

Seiner noch immer großen Livemusikszene mit ihren Festivals und Klubs verdankt Liverpool inzwischen auch den UNESCO-Titel „City of Music", den nur 19 Städte weltweit tragen.

## Tudor, georgianisch, viktorianisch – britische Architektur

*Zur Einordnung ihrer Architekturstile benutzen die Briten Begriffe, die auf dem Kontinent weniger gebräuchlich sind. Während bei uns Romanik, Gotik, Renaissance, Jugendstil und andere Definitionen dominieren, kennen die Engländer auch Ausdrücke wie Tudor, Elisabethanisch, Georgianisch, Regency oder Viktorianisch, mit denen sie ihre Bauwerke charakterisieren. Die Stilbezeichnungen erinnern an die jeweils während der Bauzeit regierenden englischen Herrschaftshäuser.*

*Tudor zum Beispiel bezeichnet die Ära zwischen 1480 und 1600, in der vorwiegend große Land- und Bürgerhäuser entstanden, die mehr und mehr mit Ziegelsteinen verziert wurden. Typisch für diese Zeit sind Bauten mit schwarzem Fachwerk und weißer Füllung. Auch Schornsteine kommen zur Tudor-Zeit in Mode, ebenso kleine Glasfenster. Speke Hall vor den Toren der Stadt ist ein typisches Beispiel für diese Architekturepoche. Formal kaum anders sehen die **elisabethanischen Bauten** (1558–1603) aus, die als Vorläufer der britischen **Renaissance** (1603–1714) gelten. Die repräsentativen Stadthäuser dieser Zeit sind Ausdruck steigenden Wohlstands der Kaufleute.*

*Liverpools Stadthalle* ❼ *gehört zu den ersten Bauten des neuen **Georgianischen Stils** (1714–1810). Elegante Eingangstore und kleine Vorgärten sind typisch für diese Bauten, auch die Arkaden im Erdgeschoss. **Regency** (1810–1830), benannt nach einem Ersatzregenten, der den geistesgestörten und blinden König Georg III. vertrat, heißt die folgende Architekturepoche, die erstmals im großen Stil mit Gusseisen arbeitet – und mit Stuck, der die fast identischen Reihenhäuser mit ihren kleinen Säulengängen verziert. Mit dem **viktorianischen Stil** schließlich erobern Gusseisen und Glas die Bühne – perfekt zu sehen in Liverpools Palmenhaus im Sefton Park. Noch typischer für diese Zeit freilich sind die monotonen Reihenhäuser aus rotem Ziegelstein.*

Der weite **Platz vor der Halle** ist noch immer einer der populärsten Versammlungsorte der Stadt. Tausende fanden sich hier nach dem Mord an John Lennon im stillen Gedenken an den Beatle zusammen. Noch mehr jubelten 2005 den Kickern des Liverpool FC zu, die sich vor St. George's Hall nach dem Gewinn der Champions League feiern ließen, und 65.000 Liverpudlians starteten hier mit einem großen Fest 2008 Liverpools Kulturhauptstadt-Jahr.

Eine kurze Betrachtung sind auch die vier Steinlöwen vor der Halle wert – auch sie über 150 Jahre alt – und die beiden Reiterdenkmäler, die Prinz Albert und Königin Victoria zeigen.

❯ William Brown Street, Liverpool L1 1JJ, Tel. 0151 2333020, www.stgeorges liverpool.co.uk, tgl. 10–16 Uhr, Eintritt frei, geführte Touren nach Voranmeldung: 4,95 £, Bahnstation: Lime Street Station

▷ *Ein Paradies nicht nur für Bücherfreunde: die generalsanierte Zentralbibliothek* ⓫

### ⑩ World Museum Liverpool ★★★ [K9]

In dem nach radikalem Umbau fast doppelt so großem Museum kann man leicht einen ganzen Tag verbringen, da tut Auswahl Not. Vor allem Besucher, die mit Computern umzugehen wissen, kommen in den über viele Stockwerke verteilten Ausstellungen auf ihre Kosten, laden doch überall Bildschirme zum Surfen ein. Und auch für Kinder gibt es genügend Interessantes, u. a. ein **Insektenhaus**, das viel Wissenswertes über die Krabbeltierchen vermittelt.

Mehr als 1500 Ausstellungsstücke aus Afrika, Asien, Amerika und Ozeanien umfassen die **ethnologischen Sammlungen**, die von Voodoo-Zauber und Magie erzählen sowie vom Leben fast ausgestorbener Völker: Weltkultur von den Aborigines bis zu den Maori, die sich in wunderschönen Masken, Schreinen und kunstvollem Handwerk zeigt. Mit filigranen Schnitzereien verzierte Elefantenstoßzähne künden aber auch von der **Kolonialmacht England**, der viele Ausstellungsstücke geschuldet sind.

Eine Sammlung alter Uhren weist im obersten Stockwerk den Weg in die **Weltraum-Ausstellung**, die von Astronauten und ihren Entdeckungen erzählt. Ein Stockwerk tiefer finden sich Millionen Jahre alte **Fossilien** und ein **Megalosaurus**, der 1842 in Südengland gefunden wurde.

Noch umfangreicher sind die **botanischen** und **zoologischen Ausstellungen**, in denen es immer wieder Neues zu entdecken gilt.

Im **Museumscafé** (tgl. 10–16.30) in der ehemaligen Examenshalle der Technischen Hochschule wird Frühstück ebenso wie Mittagessen serviert. Für Sparfüchse bietet das Museum zudem im 4. Stock einen Picknickraum.

Souvenirs satt gibt es im **Museumsshop**, wo kleine Pharaoh-Särge, die an die große Ägytenschau des Museums erinnern, zu den Bestsellern zählen.

› William Brown Street, Liverpool L3 8EN, www.liverpoolmuseums.org.uk, Tel. 0151 4784393, Bahnstation: Lime Street Station, Busstation: Queen Square, tgl. 10–17 Uhr, freier Eintritt

### ⑪ Central Library ★★ [K9]

Im mächtigen Bau zwischen World Museum ⑩ und Walker Art Gallery ⑫ verbirgt sich eine der schönsten Bibliotheken Europas, die inzwischen generalsaniert ist. Aus dem aus der Mitte des 19. Jahrhunderts stammenden Bildungshaus wurde so **eine der modernsten Schrift- und Bildersammlungen des Landes,** technisch bestens ausgestattet.

121p Abb.: gs

# „Handels- und Hafenstadt von Weltrang" – auf den Spuren des Weltkulturerbes

*Im Juli 2004 erklärte die UNESCO große Teile der Stadt zum Weltkulturerbe: Über 100 Objekte aus dem 18., 19. und frühen 20. Jahrhundert, die Liverpools Geschichte als globale Handels- und Hafenmetropole dokumentieren. Kanal- und Hafenanlagen, Docks, Börsen-, Büro- und Versicherungspaläste, eine alte Polizeistation und die prachtvollen Gebäude am Pier Head* ❹ *stehen seitdem* **unter dem Schutz der internationalen Völkergemeinschaft.** *Zu ihren Perlen gehören das Albert Dock* ❶*, die Stadthalle in der Water Street* ❼*, die im Stil griechischer Tempel errichtete St. George's Hall* ❾ *und die sogenannten Bluecoat Chambers* ⓮*. „Liverpool", so äußerten sich die Vertreter der UNESCO anlässlich der Verleihung des Weltkulturerbe-Titels, „ist ein außergewöhnliches Beispiel für eine Handels- und Hafenstadt von Weltrang". Ein Stück Geschichte, das sich heute am besten zu Fuß erschließt.*

*Liverpools Weltkulturerbe ist zu einem großen Teil* **Zweckarchitektur,** *verlangt den Blick hinter die Kulissen und ein bisschen Wissen um Schifffahrts- und Hafengeschichte im 18. und 19. Jahrhundert. Auch um Handelsgeschichte, die sich in Börsen und Versicherungspalästen, in prächtigen Bürobauten und Banken niedergeschlagen hat. Viele der Bauten wurden in den letzten Jahren renoviert und in Restaurants und Hotelpaläste umgewandelt.*

*Als Einstieg in Liverpools Weltkulturerbe empfiehlt sich die Erkundung des* **Albert Dock** ❶ *und ein Gang entlang des Pier Head* ❹*. Wer sich noch mehr für Liverpools maritime Vergangenheit interessiert, dem sei ein Abstecher Richtung Stanley Dock empfohlen. Knapp 30 Fußminuten Richtung Norden, wo man noch am besten erahnen kann, wie es in der alten Hafenstadt einst ausgesehen hat. Der Weg dorthin führt an der sogenannten* **Dock Boundary Wall** *entlang, einer meterhohen und fast 3 km langen Mauer, die einst die Hafenanlagen von der Stadt trennte. Als schicke Apartment-Siedlung präsentieren sich heute weite Teile des Princes Dock [H10].*

104Jp Abb.: kw

Nichts erinnert mehr an die Zeiten, als Hunderttausende von Emigranten hier ins Schiff Richtung Amerika stiegen. Etwas weiter thront der **Stanley Dock Warehouse Complex,** ein riesiger Tabakspeicher und das noch immer größte Backsteingebäude der Welt. 27 Millionen Steine wurden hier einst verbaut.

Wer weniger Zeit für seine Erkundung hat, geht vom Pier Head in Richtung Innenstadt. Denn nur einen Katzensprung weiter findet sich um Dale Street [J10] und Castle Street [I/J10] **Liverpools historischer Kern. The Strand** [I11] heißt die heute mehrspurige Straße, die das Altstadtviertel vom Pier Head trennt. Wie der Namen schon sagt, war es die einstige Uferpromenade, von der die Water Street [I10] zum Rathaus führte. Im 18. Jahrhundert noch war die Gegend vorwiegend Wohngebiet, ehe sie mit dem Bau der neuen Börse ihr Gesicht veränderte. Banken, Versicherungen und Reedereien kamen hinzu, aus dem Wohn- wurde langsam ein Geschäftsviertel.

Herzstück der Altstadt ist die Castle Street mit der alten Town Hall ❼ am Kopfende. Kaum eine andere Straße zählt so viele geschützte Bauwerke, ist kunsthistorisch so wertvoll. Da lohnt es sich, genauer hinzuschauen, Türen und Fenster näher unter die Lupe zu nehmen, dorische und korinthische Säulen zu bewundern oder allegorische Figuren zu bestaunen - Kleinigkeiten allesamt, die in ihrer Summe aber die Castle Street zu Liverpools Prachtallee werden ließen.

Vom einstigen Glanz erzählt auch das mächtige **Queen Victoria Denkmal** am Derby Square [J11], das sich heute dort findet, wo Liverpools erste Burg stand. Das Anfang des vorigen Jahrhunderts errichtete Mo-

nument sollte den Patriotismus der Liverpooler Bürger verkörpern, die Queen Victoria die endgültige Bestätigung ihrer Stadtrechte verdanken.

**Water** und **Dale Street** [J10], die nahtlos ineinander übergehen, zählen ebenfalls zahlreiche Kulturdenkmäler von Weltrang: Bank- und Versicherungspaläste, die ihre Vorbilder in Chicago und New York hatten und heute zum Teil als Hotels genutzt werden. Hier und in den beiden Parallelstraßen Brunswick Street [I10] und James Street [I11] schlug Liverpools merkantiles Herz, makelten Fachleute Millionen. Vor allem die großen Schifffahrtslinien hatten hier ihre Residenzen, etwa im **White Star Building** ❻ (Ecke The Strand/James Street), das besser als „Albion House" bekannt ist und heute ein kleines exklusives Themenhotel beherbergt. Mit der **Victoria Street** [J10] schlug man Mitte des 19. Jahrhunderts eine neue West-Ost-Achse durch das alte Stadtzentrum, entlang derer sich schnell neue Unternehmen ansiedelten: Lebensmittelhändler oder Produzenten von Billardtischen, deren Häuser heute ebenso zum Weltkulturerbe gehören wie die alte Post.

Vom alten Stadtkern sind es nur gut fünf Fußminuten zur **William Brown Street** [K10]. Es ist Liverpools Museumsinsel. Im 18. Jahrhundert war hier noch Heideland, säumten Windmühlen die Gegend. Erst Mitte des 19. Jahrhunderts begann man mit der Bebauung. Das berühmteste Gebäude an der Museumsmeile ist **St. George's Hall** ❾, das zum kulturellen Zentrum der wachsenden Großstadt wurde, ein Musentempel, der leicht erhöht über der Altstadt thronte, eine Art Liverpooler Akropolis. Heute ist St. George's Hall umbaut, daher kann man nur noch erahnen, wel-

*chen Eindruck die gewaltige Halle einst auf die Bürger gemacht haben musste.*

*Schon kurz nach ihrer Fertigstellung errichtete man ihr gegenüber ein Museum (World Museum ❿) nebst Bibliothek (Central Library ⓫), dem weitere Galerie- und Bibliotheksbauten folgten. Rund um St. George's Hall finden sich heute auch eine Reihe kunsthistorisch bedeutsamer Brunnen und Denkmäler. Allen voran sei die vierzig Meter hohe Wellington-Säule mit einem Bronzedenkmal des populären Kriegsherrn auf der Spitze genannt, die seit 1863 an die erfolgreichen Schlachten des britischen Feldherrn erinnern soll. In Sichtweite daneben lenkt ein Brunnen aus dem Jahr 1879 die Blicke auf sich, ein Geschenk des damaligen Liverpooler Bürgermeisters. Das Original war für die Pariser Weltausstellung 1867 bestimmt und steht heute im amerikanischen Boston. Nach Osten schließt der Lime Street Bahnhof ⓭ die Kulturmeile ab. Auch er gehört zum Weltkulturerbe und ist eine Stippvisite wert.*

*Einer der reichsten Liverpooler Geschäftsmänner, Bryan Blundell, der sein Geld mit Tabak- und Sklavenhandel verdiente, spendierte Liverpool 1718 die erste Armenschule, die Bluecoat Chambers in der School Lane [K11], das heute älteste Gebäude in der Innenstadt. Mächtig Eindruck macht der Haupteingang mit seinem reich verzierten Giebel. Anno 1906 wurde die Schule verlagert und das Haus in das Bluecoat Arts Centre ⓮ umgewandelt, dem ersten öffentlichen Kunstzentrum Großbritanniens. Dort findet sich auch ein schönes Café, das sich hervorragend eignet, um nach dem Bummel durch Liverpools Weltkulturerbe ein wenig abzuschalten.*

Für Besucher gibt es mehr als 60 Computer zur kostenlosen Nutzung und eine große Auswahl an Computerspielen. Das Highlight aber ist der von 1879 stammende runde **Picton Reading Room**, eine einmalige Bibliotheksperle, in die man auf alle Fälle einen Blick werfen sollte.

Zu den **Schaustücken** des Hauses zählen französische Stundenbücher, Drucke von Lucas Cranach dem Älteren, mittelalterliche Holzschnitte und farbige Weltchroniken aus dem späten 15. Jahrhundert. Ein besonderer Schatz ist eine Kopie des größten Naturkundebuches der Welt, **James Audubon's „Birds of America"**.

❯ **Central Library**, William Brown Street, Liverpool L3 8EW, Tel. 0151 2333069, www.liverpool.gov.uk, Mo.–Fr. 9–20, Sa. 9–17, So. 10–17 Uhr, Eintritt frei

## ⓬ **Walker Art Gallery** ★★★ [L9]

Eine der ältesten öffentlichen Kunstgalerien Englands **zeigt europäische Malerei und Skulptur von Weltrang.** Sechs Jahrhunderte Kunstgeschichte sind hier vereint: Gemälde, Möbel und Skulpturen vom 13. bis zum 20. Jahrhundert. Zu sehen sind vor allem frühe italienische und flämische Werke. Rubens, Rembrandt, Seurat, Cézanne, Degas, Freud, Hockney und andere gehören zu den Künstlern, deren Werke hier bestaunt werden können. Die meisten Kunstobjekte **stammen von zwei privaten Sammlern,** die sie im 19. Jahrhundert zusammengetragen haben. Zu den ältesten Stücken gehört eine mittelalterliche Emaille-Plakette, die vermutlich einmal einen Buchdeckel schmückte. Unter den Gemälden genießen ein Selbstporträt des jungen Rembrandt, Monets eisbedeckte Seine, eine Pietà des italienischen Malers Ercole

**Weitblick**

Lange Jahre war der 138 Meter hohe Radio City Tower geschlossen. Inzwischen erlaubt er Besuchern aber wieder einen einmaligen Blick auf die Stadt. Bei gutem Wetter sieht man bis zur Mündung des Mersey und weit über die Halbinsel Wirral.

★ 1 [K10] **Radio City Tower Viewing Gallery**, St. John's Beacon, 1 Houghton Street, Liverpool L1 1RL, tgl. 10–17 Uhr, 5,50 £

de'Roberti aus dem späten 15. Jahrhundert und David Hockneys Bild eines einem Swimmingpool entsteigenden Jünglings Weltruhm.

Im Museumscafé (tgl. 10–16.45 Uhr) kann man alle Eindrücke in Ruhe verarbeiten.

❯ William Brown Street, Liverpool L3 8EL, Tel. 0151 4784199, www.liverpoolmuseums.org.uk, Bahnstation: Lime Street Station, Busstation: Queen Square, tgl. 10–17 Uhr, freier Eintritt

## 🔴 Lime Street Station ★ [L10]

Liverpools Hauptbahnhof gehört zu den ältesten in Großbritannien. Das Prunkstück des Gebäudes ist das riesige **Glasdach**, eine der kühnsten Architekturkonstruktionen des 19. Jahrhunderts und lange Zeit das größte Bahnhofsglasdach der Welt. Von Lime Street aus verkehren nicht nur die Bahnen zum Flughafen Manchester, sondern auch direkte Züge nach London oder Edinburgh. Schon 1836 gab es hier eine Endhaltestelle, ihr jetziges Gesicht aber erhielt die Station erst zwischen 1867 und 1879.

❯ Liverpool L1 1JD, Ticketschalter: Mo.–Sa. 5–23.30, So. 7.15–23 Uhr, www.nationalrail.co.uk

## 🔴 The Bluecoat Arts Centre ★ [K11]

Das Kunstzentrum findet sich in einem eleganten Herrenhaus, das 1717 ein Schiffskapitän für sich und seine Familie erbauen ließ. Es gilt als das älteste noch erhaltene Innenstadtgebäude und gehört heute zum Weltkulturerbe. Moderner Tanz und Malerei sind hier ebenso zu Hause wie andere Formen zeitgenössischer Kunst. Galerien, Restaurant, Bar und Café stehen Stadtbummlern fast immer offen.

❯ School Lane, Liverpool L1 3BX, www.thebluecoat.org.uk, Tel. 0151 7025324, Mo.–Sa. 9–19 Uhr, So. 11–18 Uhr, Eintritt frei (gilt nicht für Sonderausstellungen)

## 🔴 Liverpool One ★★★ [J11]

Mitten in der Stadt haben britische Investoren ein 130.000 Quadratmeter großes Einkaufsparadies mit künstlichem See, fast 150 Läden und riesigen Warenhäusern geschaffen. Liverpool One, in das mehr als eine Milli-

▱ *Bereits die Eingangshalle des Liverpool One ist beeindruckend*

156lp Abb.: gs

## Liverpools stählerner Löwe

*George Stephenson (1781–1848) hieß der Mann, der als „Vater der Eisenbahn" gilt. Geboren als Sohn armer Eltern, arbeitete er schon als 14-Jähriger in einer Kohlengrube, wo er eine der vielen Dampfmaschinen bediente, die ihn für seine weitere Arbeit inspirierten. Später baute er selbst Lokomotiven, die ab 1825 auf der Strecke zwischen dem Städtchen Shildon in der Grafschaft Durham und Stockton-on-Tees, das den ältesten Bahnhof der Welt für sich reklamiert, unterwegs waren.*

*Zum eigentlichen Eisenbahnpionier wurde Stephenson 1829 mit dem Bau der ersten großen Schienenstrecke zwischen Manchester und Liverpool, auf der erstmals Züge nach festem Fahrplan auf einer zweigleisigen Strecke verkehrten – auf einer Route, die noch heute existiert, wegen einer parallel verlaufenden Strecke aber weniger Bedeutung hat.*

*Die neue Eisenbahnlinie war als Zubringer von der Industriemetropole Manchester in die Hafenstadt Liverpool gedacht, die bis dahin nur durch einfache Straßen und einen ebenfalls noch heute bestehenden Schiffskanal verbunden waren. Dessen Kapazität war aber Anfang des 19. Jahrhun-*

*derts weitgehend ausgeschöpft, sodass Unternehmer aus Liverpool und Manchester 1823 die Liverpool and Manchester Railway Company gründeten. Zur Finanzierung der neuen Eisenbahnstrecke gaben sie mehr als 4000 Aktien zu je 100 Pfund aus, die gut 300 Aktionäre in allen Teilen Englands zeichneten.*

*Für die Realisierung des Projekts zeichnete zunächst George Stephenson verantwortlich, der die zuständigen Politiker aber nicht von der Notwendigkeit einer Eisenbahnstrecke zwischen den beiden Städten überzeugen konnte, weshalb man ihn durch eine ganze Ingenieursmannschaft ersetzte. Diese plante die Strecke neu und umging die Grundstücke derer, die sich in den politischen Abstimmungsprozessen immer wieder Stephensons Plänen widersetzt hatten. Nach Erteilung der notwendigen Genehmigungen war Stephenson wieder mit von der Partie und plante die 56 km lange Strecke vom Liverpooler Hafen bis nach Manchester – mit 63 Brücken, kilometerlangen Tunnelanlagen und Viadukten.*

*Bei der Auswahl der Loks für die Strecke setzte man auf einen Wettbewerb: Das legendäre Rennen von Rainhill, aus dem Stephensons „Rocket", die er zusammen mit seinem einzigen Sohn Robert (1803–1859) konstruiert hatte, als Sieger hervorgehen sollte. Im September 1830 ging die „Rocket" auf ihre erste Fahrt. Gleich zum Auftakt gab es*

110|p Abb.: gs

◁ *Prunkstück im Museum of Liverpool ❸: die „Lion" war ab 1837 zwischen Liverpool und Manchester unterwegs*

allerdings im Bahnhof Parkside einen tödlichen Unfall, als der Liverpooler Abgeordnete im britischen Parlament unter die Räder der Lokomotive geriet.

Den Siegeszug der Eisenbahn konnte der Unfall aber nicht verhindern. Schon ein paar Wochen später verkehrten neben den werktags nach Fahrplan fahrenden sechs Zugpaaren auch erste Ausflugs- und Postzüge. Im Dezember nahm man schließlich den Güterverkehr auf, der die Schiffahrtsgesellschaften zu drastischen Preissenkungen beim Kanaltransport zwang.

1836 war der Schienenverkehr so angewachsen, dass der erste Bahnhof, Liverpool Crown Street, durch die heutige Lime Street Station **13** ersetzt wurde. Voraussetzung dafür war der Bau des mehr als zwei Kilometer langen Wapping-Tunnels, der unter Liverpools Innenstadt bis ins Zentrum führte.

Ein Jahr später schaffte man zur Ausweitung des Güterverkehrs zwei weitere Lokomotiven. Eine war die „Lion", die heute im Museum of Liverpool **3** zu sehen ist. 1859 wurde sie an die Liverpooler Hafenverwaltung verkauft und am Prince's Dock stationär als Pumpmaschine eingesetzt.

1930, zum 100-jährigen Jubiläum der Eisenbahnlinie zwischen Liverpool und Manchester, wurde die „Lion" gründlich restauriert und später neben anderen alten Lokomotiven in einem Museum in Manchester untergebracht. In zahlreichen Filmen war sie zu bewundern, ehe sie nach dem Bau des neuen Stadtmuseums in Liverpool ihre neue Heimat fand: als zweitälteste noch existierende Original-Dampflok der Welt.

arde Euro investiert wurden, ist eines der größten Einkaufszentren im Vereinigten Königreich. 3000 unterirdische Parkplätze gehören ebenso zu dem Areal wie der Busbahnhof Liverpool One.

Kleine Bars, Bistros, Cafés und Restaurants ermöglichen den Einkaufsbummlern Zwischenstopps auf dem Weg durch Glas und Beton. Die Architektur soll Lust auf Shopping machen. Eine Rechnung, die bis jetzt aufgegangen ist.

Im Einkaufszentrum befinden sich auch der Fanshop des Liverpool FC und ein großer Kinopalast mit 16 Leinwänden.

❯ 5 Wall Street, www.liverpool-one.com, Mo.–Fr. 9.30–20, Sa. 9–19, So. 11–17 Uhr, Bahnstation: James Street

## 🔟 Liverpool Cathedral ★★★ [M12]

Rund 70 Jahre wurde an der riesigen anglikanischen Kathedrale gebaut, die unübersehbar und einsam auf einem Hügel am Rand der Innenstadt thront.

Liverpools Anglikaner wurden lange Zeit vom benachbarten Chester aus regiert. Mit einem eigenen Bischof aber wuchs Ende des 19. Jahrhunderts auch der Wunsch nach einer eigenen Kathedrale, für deren Bau man schließlich den 22-jährigen Architekten Giles Gilbert Scott gewinnen konnte – einen Katholiken, der sich bei seinem preisgekrönten Entwurf von den großen Kathedralen Spaniens inspirieren ließ. Weltbekannt aber wurde er erst später, als er auf Bitten des Königs erstmals eines jener roten Telefonhäuschen entwarf, die zu einem der Markenzeichen Englands wurden. Übrigens: Mitten in der Kathedrale steht noch heute

101ip Abb.: kw

### Liverpool Cathedral in Zahlen

> Der Kirchturm ist so hoch wie zwanzig übereinandergestellte Giraffen.
> Die Kirchenglocken wiegen so viel wie sechs ausgewachsene afrikanische Elefanten.
> Die Länge des Kirchenschiffes entspricht zwei Fußballfeldern.
> Auf der gesamten Kirchenfläche könnten fünfzehnhundert Mini-Cooper geparkt werden.
> Die volle Lautstärke der Orgel beträgt 120 dB, was einem startenden Flugzeug entspricht.
> In Fenstern, Altären, Gemälden und Mauerwerk sind über 250 verschiedene Tiere versteckt.

ein Exemplar dieser weltbekannten Telefonzellen.

Im Filmsaal der Kathedrale gibt es für Besucher einen Einführungsfilm in die Geschichte der Kirche, in deren Marienkapelle 1910 erstmals ein Gottesdienst gefeiert wurde. Schon deren Dimensionen ließen erahnen, wie groß die Kirche einmal werden sollte. Liverpools Geschäftswelt spendete 58 Glasfenster, eines schöner als das andere. Besonders prächtig geriet der **Hochaltar**, dessen Darstellung des Abendmahls bis heute Rätsel aufgibt. Dort nämlich fehlt Judas, über dessen Stuhl nur ein paar Kleider hängen.

1924 war der Hauptaltar fertig, 1941 schließlich der **mächtige, gut 100 m hohe Turm,** von dem Besucher heute einen der schönsten Blicke über

die Stadt und den Mersey haben – bei gutem Wetter bis zu 80 km weit. Zwei Lifte und 108 Stufen führen nach oben.

Riesiges Glück hatte man im Krieg, traf doch nur eine einzige Bombe das Gotteshaus, die neben der Marienkapelle explodierte und so keinen allzu großen Schaden anrichtete. Aber erst 1978 war das ganze Gotteshaus fertig, sodass Königin Elisabeth II. die größte anglikanische Kathedrale der Welt endgültig einweihen konnte. Kenner behaupten, der eigentliche Schlussstein sei aber nie gesetzt worden. Einer Liverpooler Legende zufolge werde nämlich eine große Katastrophe über die Stadt hereinbrechen, wenn die Kathedrale vollendet sei.

> St. James Mount, Liverpool L1 7AZ, www.liverpoolcathedral.org.uk, Tel. 0151 7096271, täglich 8–18 Uhr (sonntagmorgens nur Gottesdienstbesucher), Bahnstation: Central Station, Bus: Nr. 82 vom Bahnhof Lime Street und Nr. 4 vom Queen Square, Eintritt frei, allerdings wird eine Spende erwartet. Außer-

⌃ *Liverpool Cathedral: im Inneren von Englands größtem anglikanischen Gotteshaus*

dem gibt es ein Tour-Paket (5,50 £, Familienticket 15 £), das neben einem Einführungsfilm auch die Besteigung des Turms der Kirche beinhaltet. Sonntagsgottesdienste: 8.30 Uhr, 10.30 Uhr und 16 Uhr. Die Marienkapelle ist sonntags für Touristen nicht zugänglich. Im Refektorium serviert man hausgemachte Speisen, vom Frühstück bis zum Afternoon-Tea. Im Shop findet sich eine große Auswahl an Büchern, Schallplatten und Grußkarten.

> **Turmbesteigung:** Mo.–Fr. 10–16.30, Sa. 9–16.30, So. 12–15.30 Uhr. Von März bis Oktober ist der Turm auch oft bis zum Sonnenuntergang geöffnet.

## 🅱 Rodney Street ★ [M12]

Die Parallelstraße zur Hope Street ist eine der wenigen Straßen Liverpools, die noch **weitgehend ihr altes Bild bewahrt** haben. Die am Ende des 18. Jahrhunderts angelegte Straße prägen typische Bauten aus dem späten 18. und frühen 19. Jahrhundert: Klassische, meist dreistöckige Reihenhäuser, die fast ausnahmslos unter Denkmalschutz stehen.

In der 59 Rodney Street hatte **Liverpools berühmtester Fotograf Edward Chambré Hardman** einst sein Studio, das heute als Museum dient. Die schönsten seiner fast 150.000 der Nachwelt hinterlassenen Bilder sind in seinem ehemaligen Atelier und Wohnhaus zu sehen, wo Hardman von 1948 bis 1988 zusammen mit seiner Frau lebte und arbeitete. Die Einrichtung wird vom National Trust verwaltet. Das Haus ist allerdings nur im Rahmen geführter Touren zugänglich.

🅳 2 [M12] **The Hardman's House,** 59 Rodney Street, Liverpool L1 9EX, Besuchereingang in der Pilgrim Street, Tel. 0151 7096261, www.nationaltrust.org.uk, Mi.–Sa. 11–15.30 Uhr (im Winter geschlossen), 6,54 £ (Kinder 3,25 £, Familien 16,36 £), wegen der Enge der Räume wird um Voranmeldung gebeten, Station: Liverpool Central

## 🅸 Hope Street ★★ [M11]

Beide Kathedralen verbindet die Hope Street, die **Pulsader eines der lebendigsten Viertel der Stadt.** Boutique-Hotels und Edel-Restaurants finden sich entlang der Life-Style-Meile ebenso wie Studentenkneipen, einfache Pubs und edle Bars. Tagsüber ist es das Revier vieler Liverpooler Studenten, abends kommen Theater- und Konzertgäste und Klubs locken mit Livebands.

> *Kofferkunst in der Hope Street*

Die Hope Street ist eine der **Fla-niermeilen Liverpools**, breit und mit einigen Kunstwerken versehen. Beachtenswert ist die Skulptur an der Ecke zur Mount Street, wo der Bildhauer John King 1998 ein paar Koffer und andere Reiseutensilien aus Stein aufschichtete – eine Reminiszenz an die Studenten und Lehrkräfte am benachbarten Kunstinstitut, zu denen u. a. John Lennon, Stuart Sutcliff und Charles Dickens gehörten.

Prunkstück der Hope Street aber ist die Philharmonic Hall ⓳, Liverpools elegantestes Art-déco-Gebäude und Heimat des Royal Liverpool Philharmonic Orchestra. Schräg gegenüber befindet sich der bekannte **Pub der Philharmonie**, der Philharmonic Dining Room (s. S. 71) – ein Stück viktorianische Kneipenkultur. Zudem befindet sich im Pub **die vielleicht schönste Herrentoilette Europas**. Ansichtssache sicher, aber allein die Tatsache, dass selbst Frauen hin und wieder ein Blick auf die Marmor-Urinale und -Waschbecken erlaubt ist, zeigt, dass es sich hier um keine gewöhnliche Toilette handelt.

Gegenüber der katholischen Kathedrale findet sich am einen Ende der Hope Street das **Everyman Theatre** (s. S. 76). Nicht weit weg liegt der Campus der Universität, das Herz des studentischen Lebens.

## ⓳ Philharmonic Hall ★ [M12]

Die Liverpooler Philharmoniker gehören zu den wenigen Orchestern der Welt, die über eine eigene Spielstätte verfügen, die Royal Philharmonic Hall. Zwar ist die 1849 erstmals errichtete Halle, die nach einem Brand 1939 **im Art-déco-Stil wiedererrichtet** wurde, Eigentum der Stadt, die Musiker aber haben sie für Jahre fest gemietet.

Rund 250 Veranstaltungen stehen jährlich auf dem Programm der Philharmonic Hall, Konzertabende oder Lichtspielvorführungen, die jährlich gut 250.000 Zuschauer erleben. Spezialität der Hall ist eine Leinwand für klassische Filme, die oftmals von einem Film-Organisten live begleitet werden. Die Halle verfügt über eine der wenigen, eigens für den Filmbetrieb gebauten Orgeln.

Die Liverpooler Philharmoniker sind das erste klassische Orchester, das ein **Konzert im Cyberspace** gab. Am 14. September 2007 zeigten sich die Musiker auf der Internet-Plattform „Second Life", gaben so klangvoll ihren Einstand im World Wide Web. Die Ursprünge des Orchesters reichen in die 1840er-Jahre zurück, als es im Rahmen einer Wohlfahrtsorganisation aus der Taufe gehoben wurde. „Königlich" aber wurde man erst 1957.

Heute gehören die Liverpooler Philharmoniker zu den meistbeschäftigten Orchestern der Insel. **Mehr als 100 Konzerte** jährlich stehen auf ihrem Spielplan, die meisten in Liverpool. Zum Repertoire gehören alle Symphonien Beethovens, Klassiker von Strauss, Smetana, Mahler, Dvořák, Britten und Rachmaninov. Man hat sich aber auch moderner Musik verschrieben. Häufig gibt es Welturaufführungen zeitgenössischer Komponisten. Ein Besuch der Philharmonic Hall lohnt sich übrigens immer, auch bei Gastspielen anderer Künstler.

❭ Hope Street, Liverpool L 1 9BP, Tel. 0151 7093789, www.liverpoolphil.com, Ticketschalter: Mo.–Sa. 9.30–17.30 Uhr, Bahnstation: Lime Street

▷ *Architektonisch auffällig: die Metropolitan Cathedral of Christ the King*

## ⑳ Metropolitan Cathedral of Christ the King ★★ [M11]

Am nördlichen Ende der Hope Street befindet sich die katholische Kathedrale, die eigentlich noch größer hätte ausfallen sollen. Als den Bauherren jedoch das Geld ausging, wurde man bescheidener und architektonisch wagemutiger. So entstand ein **sehenswerter Glas- und Betontempel:** ein kreisrunder Zweckbau, umgeben von einem Kranz kleiner Kapellen. 2300 Sitze scharen sich um den Altartisch in der Mitte, über den sich eine farbige Glaskuppel wölbt, die im Lauf eines sonnigen Tages verschiedenfarbige Lichter in den Kirchenraum wirft.

Inspiriert von Englands größter anglikanischer Kirche, der Liverpool Cathedral, suchten auch die Katholiken der 1850 gegründeten Diözese Liverpool nach einem repräsentativen Gotteshaus. 1933 legten sie so den Grundstein für die Metropolitan Cathedral of Christ the King. Noch mächtiger als ihr anglikanisches Gegenstück sollte sie werden, mindestens so groß wie der Petersdom in Rom,

ein **unübersehbares Bollwerk katholischen Glaubens.** Doch der Krieg machte dem Größenwahn ein Ende. 1958 war gerade einmal die Krypta fertig, für den Rest fehlte das Geld. Nach ausführlichem Kassensturz plante man realistisch weiter und ließ sich vom Geist der Liturgiereform, die mehr Wert auf innere als auf äußere Werte legte, neu beseelen.

Nach nur fünfjähriger Bauzeit wurde das neue Gotteshaus 1967, elf Jahre vor Vollendung der anglikanischen Kathedrale, eingeweiht. Besuchern zugänglich ist auch die **Krypta,** wo man sich einen Eindruck von der Größe verschaffen kann, die einmal für den Bau des Gotteshauses geplant war.

❯ Mount Pleasant, Liverpool L3 5TQ, Tel. 0151 7099222, www.liverpoolmetro cathedral.org.uk, tgl. 7.30–18 Uhr (im Winter sonntags bis 17 Uhr), Krypta: Mo.–Sa. 10–15.30 Uhr, Bahnstation: Lime Street, Eintritt frei, allerdings wird eine Spende von mind. 3 £ erwartet, kostenlose Führungen, Gottesdienste sonntags um 11 Uhr in der Kathedrale, täglich in der Sakramentskapelle oder in der Krypta

124jp Abb.: fo©artincamera, stock.adobe.com

# Das Liverpool der Beatles

Mehr als 80 Millionen Pfund, so ergab eine neue Studie, lassen Beatles-Fans jährlich in Liverpool – Tendenz weiter steigend, weil inzwischen auch immer mehr Freunde der Fab Four aus China und Südamerika kommen. Und damit die Fans auch ein Andenken mit nach Hause nehmen können, öffnen an allen Ecken **Souvenierläden** mit Devotionalien. Es gibt T-Shirts mit vielen Dutzend Motiven in allen Größen und Farben, Kissen und Schals, ja sogar Bettwäsche mit den Porträts der Musiker. Schlüsselanhänger, Uhren und Kugelschreiber zieren ihre Gesichter ebenso wie Hausschuhe, Handtücher oder Taschen aller Größen. Dazu kommen Tassen und Becher, von denen die Vier dem Trinkenden zulächeln. Und natürlich gibt es Poster und Bücher, CDs und Platten mit der Musik der Gruppe.

Ganz gleich ob sich die Verkaufsstätten „Beatles-Shop" oder „Beatles Information Centre" nennen, sie alle wollen teilhaben am **neuen Beatles-Boom**, der fast ein halbes Jahrhundert nach der Trennung der Gruppe neue Fahrt aufzunehmen scheint.

Natürlich kommt aber kaum einer, um nur ein Souvenir der Fab Four zu kaufen. Die meisten wollen auch sehen, wo die Wurzeln des Mythos um die Beatles liegen, wo sie groß wurden und schließlich zusammenfanden.

Quer über die Stadt und ihre Vororte sind die „Gedenkstätten" verteilt: Häuser, Straßen und Gebäude, die an die Beatles, ihre ersten großen Auftritte und an viele ihrer Songs erinnern. Die bekanntesten Schauplätze werden im Rahmen der **Magical Mystery Tour** täglich angefahren. Der **National Trust** fährt zudem mehrmals die Woche zu den **Elternhäusern von John** ㉑ und **Paul** ㉒. Wer will, kann aber auch auf eigene Faust zu den Beatles-Schauplätzen pilgern.

⑳ EXTRATIPPS

## Fabcabs – mit dem Taxi zu den Beatles

Wer will, kann sich auch mit dem Taxi zu den Beatles-Gedenkstätten chauffieren lassen. „Fabcabs" heißt eine mehrstündige Tour, bei der man – ganz komfortabel – sogar im Hotel abgeholt wird. Ein nicht ganz preiswertes Vergnügen!
> Tel. 0151 9091964, www.fabcabs ofliverpool.com

## Fab Four Tour mit dem Rad

Im Sommer um 9 und 13.30 Uhr und im Winter um 9.30 Uhr startet eine Fahrrad-Tour auf den Spuren der Fab Four. Sie führt zum Strawberry Field, den Schulen, welche die Beatles besuchten, zu Eleanor Rigbys Grab und anderen Erinnerungsorten. Insgesamt 26 schweißtreibende Kilometer. Der Preis der Tour beträgt 25 Pfund bzw. 39 Pfund mit einem E-Bike.
> www.liverpoolcycletours.com/ the-beatles-tour

> Magical Mystery Tour: 2-stündige Busrundfahrten ab Albert Dock, tägl. 11 und 14 Uhr, Preis: 18,95 £. Zusätzliche Touren an Feiertagen und in den Schulferien. Es empfiehlt sich, Tickets unter Tel. 0044 (0)151 7039100 (Mo.–Fr. 9.30–16.30 Uhr) vorzubestellen oder online zu buchen (www.cavernclub.org/ the-magical-mystery-tour).

> Die Minibustouren des National Trust zu den Elternhäusern von John und Paul starten gewöhnlich zwei bis viermal tägl. (nicht im Winter) von verschiedenen Startpunkten aus, meist aus der Innen-

stadt. Wegen der großen Nachfrage ist eine Onlinebuchung anzuraten, 23 £, Kinder 7,25 £, Tel. 0151 4277231 unter www.thenationaltrust.org.uk.

## Orte für Beatles-Fans

❯ **Empire Theatre** (s. S. 76), Lime Street, Liverpool City. Liverpools einst größte Bühne gehörte zu den ersten Beatles-Spielstätten. Hier waren die „Quarry Men" ebenso zu Gast wie die „Moondogs." 1965 gaben die Beatles hier ihr letztes Konzert in Liverpool.

★**3** [f16] **George Harrisons Elternhaus 1,** 25 Uptown Green, Speke, Liverpool 24. 1949 bezogen die Harrisons das Haus im Stadtteil Speke. Es blieb bis 1962 Familiensitz, ehe die Eltern erneut umzogen. Hier probten die Beatles gern und

*⌂ Ein rot gestrichenes Eisengitter und zwei Sandsteinpfeiler als Touristenattraktion: „Strawberry Field", das die Beatles zu einem ihrer populärsten Hits inspirierte*

gaben sogar manchmal Konzerte wie zur Hochzeit von Georges Bruder Harry. 2014 wechselte das Reihenhäuschen für umgerechnet 215.000 Euro seinen Besitzer.

★**4** **George Harrisons Elternhaus 2,** 174 Mackets Lane, Hunts Cross, Liverpool 25. Hier lebten die Harrisons ab 1962. An manchen Tagen wurde die Fan-Post gleich säckeweise angeliefert. 1965 aber wurde Harrisons Vater der Rummel um seinen Sohn zu viel. Er schmiss seinen Job als Busfahrer und zog in ein Haus nach Warrington.

★**5** [W12] **George Harrisons Geburtshaus,** 12 Arnold Grove, Wavertree, Liverpool 15. Hier kam 1943 der jüngste der Beatles zur Welt. Für das Reihenhäuschen zahlte sein Vater, ein Busfahrer und ehemaliger Schiffsstewart, anfangs ganze 24 £ Miete im Jahr. 1950 zogen die Harrisons in ihr neues Domizil im Stadtteil Speke.

★**6** [I24] **Hulme Hall,** 23 Boilton Road, Port Sunlight Village, Wirral. In der kleinen Halle des Dörfchens spielten die Beatles am 18. August 1962 erstmals in der Originalbesetzung. Es war Ringos erster Auftritt mit der Gruppe.

★7 [W14] **John Lennons Geburtshaus,** 9 Newcastle Road, Wavertree, Liverpool 18. Hier lebte Lennon von 1940 bis zu seinem fünften Lebensjahr. Das Haus kaufte 2013 ein Amerikaner für umgerechnet 655.000 Euro.

★8 **Litherland Town Hall,** Hatton Hill Road, Litherland. Die ehemalige Stadthalle gilt als Geburtsstätte der „Beatlemania". Unmittelbar nach ihrem ersten Hamburger Gastspiel Anfang der 1960er-Jahre begeisterten die Beatles hier erstmals die Massen.

★9 [M12] **Liverpool Institute for Performing Art,** Mount Street, Liverpool City. Paul und George gingen hier bis 1960 zur Schule. Aus der einstigen Eliteschule ist inzwischen Liverpools führende Kunstschule geworden, an der Paul inzwischen auch die eine oder andere Stunde als „Lehrer" verbracht hat.

★10 **Paul McCartneys Elternhaus,** 72 Western Avenue, Speke. Hierher zog Paul im Alter von 4 Jahren mit seinen Eltern. Das Haus wurde zuletzt 2015 für umgerechnet gut 200.000 Euro verkauft.

★11 [P4] **Paul McCartneys Geburtshaus,** Sunbury Road, Anfield, Liverpool 4. Nach ihrer Heirat 1941 hatten Pauls Eltern das Haus bezogen, in dem der junge McCartney aufwuchs.

★12 [W15] **Penny Lane,** Liverpool 18. Liverpools weltbekannte Straße („Penny Lane is in my ears and in my eyes") ist eigentlich ein Platz, „The Penny Lane Roundabout". Hier treffen sich verschiedene Straßen, deren kleinste die Penny Lane ist. In der gegenüberliegenden Halle der St.-Barnabas-Kirche, in der Paul McCartney im Kirchenchor sang, spielten die „Quarry Men" in den späten 1950er-Jahren hin und wieder zum Tanz auf. Mit dem Lied „Penny Lane" wollte Paul, der dort um die Ecke aufgewachsen war, an seine Kindheit erinnern.

★13 [W4] **Pete Bests Haus und Casbah Coffee Club,** 8 Hayman's Green, West Derby, Liverpool 12, www.pete best.com. Zur Eröffnung des Klubs im Erdgeschoss des Hauses 1959 gaben die „Quarry Men" ein Konzert, 44 weitere Auftritte folgten. Es war das Elternhaus von Pete Best, der bei den ersten Hamburger Beatles-Konzerten am Schlagzeug saß. Das inzwischen wie viele Beatles-Stätten unter Denkmalschutz stehende Haus kann nach Anmeldung im Rahmen geführter Touren besichtigt werden. Sie werden täglich zwischen 10 und 17 Uhr angeboten.

⓳ [M12] **Philharmonic Hall,** Hope Street, Liverpool City. Einmal jährlich sollen die Schüler John, George, Paul und Ringo hier ein Konzert des Royal Philharmonic Orchesters besucht haben. Später wurde der Klangkörper hin und wieder von George Martin dirigiert, dem Musikproduzenten, der oft als der „fünfte Beatle" bezeichnet wurde. 1999 hatte die digitalisierte und neu abgemischte Fassung des Films „Yellow Submarine" in der Philharmonic Hall ihre England-Premiere.

★14 [O15] **Ringo Starrs Geburtshaus,** 9 Madryn Street, Dingle-Toxeth, Liverpool 8. Mitten in einem Sanierungsgebiet steht das Haus, in dem Ringo 1940 zur Welt kam. Während die meisten Bauten ringsum inzwischen abgerissen wurden, soll Ringos Geburtshaus demnächst saniert werden.

★15 [O15] **Ringo Starrs Haus,** 10 Admiral Grove, Liverpool 8. Das schmale, weiß getünchte Backstein-Reihenhaus im Dingle-Viertel, bekannt als „Ringo-Land", war das Elternhaus des Beatles-Schlagzeugers. Hier lebten er und seine Mutter nach der Trennung der Eltern.

❾ [K10] **St. George's Hall,** Lime Street, Liverpool City. Schauplatz eines Balls, den die Beatles 1960 mitgestaltet hatten und der im totalen Chaos endete.

1980 versammelten sich Zehntausende auf dem Platz vor der Halle, um des ermordeten John Lennon zu gedenken.

★**16** [e18] **St. Peter's Church**, Church Road, Woolton, Liverpool 25. Im Garten hinter der Kirche traf am 06. 06. 1957 Paul McCartney erstmals auf John Lennon, der dort mit seinen „Quarry Men" gastierte. Paul spielte John ein paar Lieder vor, was den Beginn einer in der Musikgeschichte beispiellosen Zusammenarbeit markierte.

★**17** [o18] **Strawberry Field**, Beaconsfield Road, Woolton, Liverpool 25. Rot gestrichene Eisengitter und zwei Sandsteinpfeiler mit der Aufschrift „Strawberry Field", dahinter ein verwildertes Grundstück – mehr sieht der Tourist meist nicht von der Anlage, die John Lennon zu seinem weltberühmten Song inspirierte. Das Gelände gehört der Heilsarmee, die hier bald eine Ausbildungsstätte für Lernbehinderte einrichten will. Außerdem sollen ein Café, eine Gartenanlage zum Relaxen und eine Erinnerungsstätte für John Lennon entstehen, der hier oft im Garten unterwegs war. 1966 verarbeitete er seine Kindheitserinnerungen im Lied „Strawberry Fields Forever". Das Original-Tor zum Strawberry Field findet sich seit neustem im Museum The Beatles Story ❷.

# Erlebenswertes außerhalb des Zentrums

## Elternhäuser von Lennon und McCartney

Die beiden touristisch interessantesten Beatles-Gedenkstätten, die für ihre musikalische Karriere wichtigen Elternhäuser von John Lennon und Paul McCartney, gehören inzwischen dem National Trust und können **nur im Rahmen organisierter Touren** besichtigt werden (s. S. 44). Fotografieren in den Häusern ist verboten!

### ㉑ John Lennons Haus ★ [b17]

Als Fünfjähriger zog John zu Onkel und Tante. Viele Stunden übte der Schüler in der Menlove Avenue auf seiner Gitarre, was Tante Mimi zu dem berühmten Ausspruch gebracht haben soll: „Das mit dem Gitarrenspielen ist ja alles in Ordnung, aber davon wirst du niemals leben können". In dem Haus, in dem Lennon mit drei Katzen und einem Hund aufwuchs, soll er frühe Songs wie „Please Please Me" oder „I Call Your Name" geschrieben haben.

2002 kaufte Yoko Ono das Haus und schenkte es dem National Trust. Die Museumsspezialisten richteten es inzwischen wieder so her wie damals, als der 23-jährige John seiner Heimatstadt den Rücken kehrte und nach London übersiedelte.

❯ Mendips' 251 Menlove Avenue, Woolton, Liverpool 25

### ㉒ Paul McCartneys Haus ★ [Z19]

1955 zogen die McCartneys in den Liverpooler Vorort Allerton. Schon ein Jahr später starb die Mutter und so lastete die Erziehung der Kinder ganz auf der Tante und dem Vater.

Immer wieder soll sich Paul zum Musizieren ins Bad zurückgezogen haben, das er wegen seiner besonderen Akustik schätzte. Später gehörte John Lennon zu den Stammgästen im Hause McCartney. In gemeinsamer Arbeit entstanden immer neue Songs wie z. B. „I saw her standing there". Bis zu 100 Beatles-Songs, schätzen

Experten, könnten hier entstanden sein.

Nach der triumphalen Amerika-Tournee 1964 kaufte Paul seinem Vater ein neues Haus auf der anderen Seite des Mersey. 1996 erwarb der National Trust das alte Haus, der es wieder ungefähr so herrichten ließ, wie es Paul einst verlassen hatte. Fotos von Pauls Bruder Mike geben im kleinen Museum Einblick in das Leben der Familie McCartney in der Forthlin Road. Auch Mike war Musiker. Er probte mit seiner Band „The Scaffold" gern in der Forthlin Road und landete mit „Lily The Pink" 1968 ebenfalls einen Nummer-Eins-Hit in England.

❭ 20 Forthlin Road, Allerton, Liverpool 18

### ㉓ Lark Lane ★ [Q16]

Im Süden Liverpools, allenfalls ein paar Taxi- oder Busminuten (Linie 82) von der Innenstadt entfernt, liegt der Stadtteil Aigburth mit der Lark Lane. Nur ein paar Hundert Meter ist das Sträßchen lang, für die Liverpudlians ist es jedoch **eine populäre Ausgeh-Adresse.**

War die Lark Lane früher eher eine alternative Adresse, in der sich Trödler und Antiquitätenshops neben Autowerkstätten und kleinen Läden fanden, ist sie heute auch Anlaufziel von Managern und Angestellten. Einmal monatlich, gewöhnlich am letzten Sonntag, findet hier aber noch immer ein **Flohmarkt** statt (11–16 Uhr).

❭ www.larklaneguide.com

### ㉔ Anfield Road ★★ [04]

Anfield Road ist der älteste und renommierteste Fußballplatz der Stadt, die Spielstätte des legendären Liverpool FC. Seit 1994 verfügt das Stadion allerdings nur noch über Sitzplätze, wodurch ein Teil der Atmosphäre verloren gegangen ist.

„Einige Leute halten Fußball für einen Kampf um Leben und Tod. Ich mag diese Einstellung nicht. Ich versichere Ihnen, dass es viel ernster ist!"

⌂ *Lark Lane: Liverpools Ausgehviertel im Stadtteil Aigburth*

Dieser Satz stammt von **Bill Shankly, dem legendären Trainer des Liverpool FC.** Vor dem Stadion haben die Liverpudlians ihm ein Denkmal gesetzt. Bill Shankly formte den Verein erstmals zu einem Spitzenklub. Für ihn war der Teamgeist wichtig und er war überzeugt, dass eine Mannschaft nur als Kollektiv erfolgreich sein kann. Dies auch ist die Philosophie des jetzigen Trainers Jürgen Klopp, der vorher in Mainz und Dortmund arbeitete.

Liverpool wurde mehrfach englischer Fußballmeister. Diese Triumphe krönte der Klub 1973 mit dem Gewinn des Europapokals gegen Borussia Mönchengladbach. Wenig später gewann man erstmals den Cup der Landesmeister, dem weitere internationale Erfolge folgten. 1985 endete die glorreiche Phase jäh, als sich Liverpool-Fans im **Brüsseler Heysel-Stadion** anlässlich des Pokalendspiels der Landesmeister eine Schlacht mit den Anhängern von Juventus Turin lieferten. In der folgenden **Massenpanik** starben 39 Menschen, Liverpool wurde für sieben Jahre von allen internationalen Wettbewerben ausgeschlossen.

Vier Jahre später ereilte den Verein eine **weitere Katastrophe.** Bei einem **Pokalspiel in Sheffield** wurden 96 Liverpool-Fans in einem völlig überfüllten Stadion zu Tode gedrückt, Menschen zwischen 10 und 62 Jahren, an die heute eine meist mit frischen Blumen geschmückte Gedenktafel mahnt.

An die sportlichen Erfolge erinnert ein **Museum,** das man auch unab-

hängig von der Stadiontour besichtigen kann. **Stadionführungen** finden gewöhnlich täglich zwischen 10 und 15 Uhr statt (im Sommer gelegentlich auch länger), besonders häufig an Wochenenden, und dauern in der Regel 60 Minuten. Dabei lernt man unter sachkundiger Führung (auch auf Deutsch) Mannschaftskabinen und Umkleideräume kennen, vor allem aber das Stadion selbst.

Für Tickets steht man an der Anfield Road meist vergebens an. Daran hat auch der jüngst erfolgte Ausbau des Stadions auf jetzt rund 54.000 Sitzplätze wenig geändert.

› **Liverpool FC Stadion Tour und Museum,** Anfield Road, Liverpool L4 0TH, Tel. 0151 2606677, www.liverpoolfc.com, Museum: tgl. 10 – 16 Uhr (außer an Spieltagen), Anreise: Bus 26 und 27 ab Innenstadt, Stadiontour: 20 £ (Kinder 12 £), nur Museum: 10 £, Kinder 6 £. Frühzeitige Onlinereservierung für die Stadion-Tour empfohlen! An Spieltagen gibt es von der Bahnstation Sandhills Zubringerbusse zum Stadion.

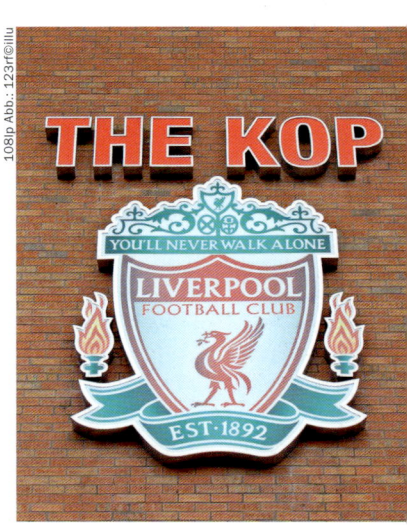

108lp Abb.: 123rf©illu

▷ *Das Emblem des Liverpool FC mit dem Liverbird an der berühmten Fantribüne The Kop*

## „Blues" und „Reds" – Liverpools Traditionsklubs

Liverpools Herz schlägt vor allem auf seinen Fußballplätzen. An der Anfield Road, wo der Liverpool FC zu Hause ist, und im Goodison Park, dem Stadion des Everton FC. Die beiden Klubs sind das sportliche Aushängeschild der Stadt. Kicker-Gemeinschaften, die Zehntausende von Fans haben - und Hunderttausende von Sympathisanten in aller Welt. Die „Merseyside-Derbys", die Partien zwischen den „Roten" und „Blauen", gehören zu den emotionalsten Fußballspielen auf der Insel und zum jährlichen Höhepunkt der Fußballsaison.

Mehr als zweihundertmal trafen die beiden Traditionsklubs bislang schon aufeinander: in meist packenden Derbys, von denen die Reds ein paar Spiele mehr gewannen. Beide Vereine halten auch ein paar britische Derby-Rekorde. So rühmt sich Everton der längsten Serie an ungeschlagenen Spielen in einem Derby und auch die längste Serie ungeschlagener Derbys im fremden Stadion können die Blues für sich verbuchen.

Sportlich deutlich überlegen war Everton allerdings nur Ende des 19. und Anfang des 20. Jahrhunderts, heute geben die Reds den Kicker-Ton in der Stadt an.

Fußball hat in Liverpool eine lange Tradition. Schon 1884 baute man an der Anfield Road das erste große Stadion, damals war es jedoch noch die Heimstatt des Everton Football Club. Im Streit um Pachtgebühren aber entschloss sich der Verein 1892, in den benachbarten Goodison Park umzuziehen. Um das verwaiste Anfield-Stadion neu zu füllen, gründete man schließlich den Liverpool FC, der von da ab an der Anfield Road zu Hause war.

Everton ist der älteste Fußballverein der Stadt. Traditionell spielt er in blauen Trikots, weshalb die Liverpudlians die Spieler nur „The Blues" nennen. 1878 wurde der Klub von einer Kirchengemeinde gegründet. Dies ist der Grund dafür, dass er unter den Katholiken noch heute besonders viele Anhänger hat und unmittelbar ans Stadion eine Kirche grenzt.

Katholisch ist auch Wayne Rooney, einer der erfolgreichsten englischen Nationalspieler, der heute beim Everton FC kickt. Bei den Blues sammelte der gebürtige Liverpooler auch seine ersten Kicker-Meriten.

1891 schoss übrigens ein Spieler aus Everton erstmals in ein Tornetz. Bis dahin waren die Fußballtore nur einfache Lattenkonstruktionen ohne Netz.

In roten Trikots spielen „The Reds", die Kicker des Liverpool FC. Deutsche Nationalmannschafts-Kicker wie Dieter Hamann, Christian Ziege, Emre Can oder Karlheinz Riedle fühlten sich in Liverpool ebenso wohl wie die englischen Fußball-Idole Michael Owen, Ian Rush oder Steven Gerrard.

Bei den Reds ist allerdings zurzeit der Trainer der Star: Jürgen Klopp, der den Liverpool FC nach Jahren der Dürre wieder in die Champions-League führte. In der Stadt am Mersey hat der Deutsche das Fußballfieber neu entfacht und die Herzen der Liverpudlians erobert - eine beispiellose Erfolgsgeschichte.

In der wirtschaftlich schwierigsten Zeit der Stadt, Ende der 1960er- bis Mitte der 1980er-Jahre, wurde der Fußball zum Hoffnungsanker der Menschen, zum Ausdruck eines unbändigen Überlebenswillens. Heute ist er in der Fußballhymne „You'll Never

046|p Abb.: gs

Walk Alone" verkörpert, die bei jedem Heimspiel durch die Anfield Road hallt – so wie längst auch auf vielen deutscher Fußballplätzen.

Eigentlich ist der Song „You'll Never Walk Alone" ein Musical-Finale, das Mitte der 1940er-Jahre von Richard Rodgers (Musik) und Oscar Hammerstein II (Text) für eine Broadway-Produktion komponiert wurde. Das Lied sollte damals die Amerikaner trösten, die zu Zehntausenden in Europa Kriegsdienst leisteten. 1945 erreichte der Song in der Version mit Frank Sinatra erstmals die Hitparaden.

Heute ist das Musical vergessen, sein musikalischer Schluss aber weltberühmt. Das liegt nicht nur an den zahlreichen Versionen des Liedes, an denen sich Weltstars wie Aretha Franklin, Louis Armstrong, Shirley Bassey, Placido Domingo, Johnny Cash, Mario Lanza, Dionne Warwick, Elvis Presley und die Toten Hosen versuchten, sondern vor allem an den Liverpooler Fußballfans. Im Stadion an der Anfield Road nämlich wurden seit den 1960er-Jahren die Fans mit populären Schlagern auf die Spiele eingestimmt. Dazu gehörte auch „You'll Never Walk Alone" in der Version des Liverpooler Sängers Gerry Marsden. 1953 hatte er den Song zusammen mit seinen „Pacemakers" aufgenommen und er avancierte schnell zur Nummer eins der britischen Hitparade.

Als eines Tages die Tonanlage beim Abspielen des Liedes im Stadion ausfiel, so die Legende, sangen die Liverpudlians auf den Rängen einfach weiter. Und weil es ihnen so großen Spaß gemacht hatte, sangen sie von da ab bei jedem Heimspiel diese, nunmehr ihre Hymne. Dem Liverpooler Beispiel folgten andere englische Vereine, schließlich auch der deutsche Kultklub FC St. Pauli. Heute sind es mehr als ein Dutzend deutscher Bundesligavereine, in deren Stadien das Lied vor jedem Spiel von den Fans gemeinsam angestimmt wird. „You'll Never Walk Alone" gilt als der Fußball-Hit schlechthin.

Die meisten Liverpooler sprechen offen darüber, welchem Verein ihr Herz gehört. Ausländischen Besuchern gegenüber aber beantworten viele die Frage nach ihrem Lieblingsverein nur mit „fair play", schließlich will man es sich mit den Gästen nicht verderben. Und noch eins sollte man wissen: In Großbritannien ist das Training der Profikicker grundsätzlich nicht öffentlich.

Eingefleischten Fans bieten die beiden Fußballklubs übrigens die Möglichkeit, in den Stadionanlagen zu heiraten. Standesbeamte trauen die Paare vor Ort, dann wird gefeiert und getanzt. Die Websites der Vereine Liverpool FC und Everton FC bieten dafür unterschiedliche Pauschalarrangements.

◁ Im Fußball nur bei Festzügen vereint – Blues and Reds

## ㉕ Goodison Park ★     [N2]

„Grand Old Lady" nennen die Einheimischen Liverpools zweites großes Stadion, den Goodison Park, die **Spielstätte des Everton FC** – nur eine gute Viertelstunde Fußmarsch von der Anfield Road ㉔ entfernt. Als erster großer englischer Fußballplatz verfügte das Stadion über eine Rasenheizung und auch den ersten Besuch eines britischen Monarchen in einem Fußballstadion konnte der Goodison Park 1913 mit der Visite König Georg V. für sich verbuchen.

Everton gehörte zu den Gründungsmitgliedern der 1888 ins Leben gerufenen englischen Fußball-Liga, in deren oberster Spielklasse der Verein fast immer vertreten war. Zu seinen Kicker-Idolen zählt Wayne Rooney. Im Oktober 2002 schrieb der junge Fußballer Geschichte Fußballgeschichte, als er mit seinem Siegtor die fast ein Jahr lang in Ligaspielen unbesiegte Mannschaft von Arsenal London vom Sockel stürzte.

Beim Heimspiel gegen den Liverpool FC im September 1948 quetschten sich fast 80.000 Zuschauer in das Stadion mit seinen vier Tribünen. Heute bietet der Goodison Park rund 40.000 Zuschauern Platz, da es aus Sicherheitsgründen keine Stehplätze mehr gibt.

Allerdings plant der Klub einen umgerechnet rund eine Milliarde Euro teuren **Neubau** im Bramley Moore Dock im Norden der Stadt – ein riesiges, die Stadt prägendes Stadion mit eigenem Eisenbahnanschluss. Seine Fertigstellung ist für 2022 geplant und umstritten, da der Bau den Welterbestatus der Stadt gefährden könnte.

Wie beim Liverpool FC gibt es auch in Everton eine rund **einstündige Führung durch das Stadion.**

❯ **Everton Stadion Tour,** Goodison Park, Goodison Road, Liverpool L44 EL, Tel. 0151 5561878, www.evertonfc.com, Stadiontour: täglich 10–14.30 Uhr (nicht an Spieltagen), Eintritt: 15 £ (Kinder 5 £)

# Erlebenswertes in der Umgebung

*Viele Hundert Kilometer Strand, weite Dünen, satte Wiesen, grüne Hügel, beschauliche Städtchen, urige Dörfer. Merseyside, Liverpools Hinterland, hat viele Gesichter. Sefton, Southport, Knowsley und St. Helens finden sich im Osten und Norden Liverpools, im Westen befindet sich die Halbinsel Wirral, ein ehemals selbstständiger Mini-Staat der Wikinger.*

Touristisch hat Wirral einiges zu bieten, allen voran das Erlebniszentrum „U-Boat Story" am Fähranleger Woodside, das die Geschichte des deutschen U-Boots U-534 erzählt. Oder das **Spaceport** in Seacom-be, ein zehn Millionen Pfund teurer Themenpark, den die Mersey-Fähren ebenfalls direkt ansteuern. Hier dreht sich alles um den Weltraum, um Sterne und Gestirne. Spektakulär ist der Space Dome mit seiner 360-Grad-Leinwand.

Geschichtsbewusste und alle, die es ein bisschen ruhiger mögen, sind in **Port Sunlight** besser aufgehoben, einer alten Industriesiedlung, die heute komplett unter Denkmalschutz steht. Ihr Bauherr war der Industrielle William Hesketh Lever, der sein Geld mit der Herstellung von Seifen und Reinigungsmitteln verdiente. Levers Siedlung bestand neben den schwarz-weißen Fachwerkhäusern für die Arbeiter aus einer Schule, einer Kantine, einem Konzertsaal und einem kleinen Hospital. Die Anlage verschafft gute Einblicke in das industrialisierte England des späten 19. Jahrhunderts.

Ansonsten aber prägt viel Natur die Halbinsel Wirral, wilde Küstenlandschaften und ein paar kleinere Städte wie **Wallasey, Bebington** oder **Birkenhead**. Hier lockt der **Birkenhead Park**, eine kleine grüne Oase, geschaffen zwischen 1843 und 1847. Dieser soll weltweit der erste öffentliche Park gewesen sein, Vorbild des berühmten Central Park in New York. Für Freunde alter Busse und Straßenbahnen ist das **Wirral Transport Museum** (s. S. 62) ein Muss, das über der Fähranlager Woodside mit einer eigenen Museumsbahn angebunden ist. Nostalgie pur!

Auch Naturfreunde und Wanderer kommen auf der Halbinsel Wirral immer auf ihre Kosten. Menschen, die sich den Wind der Irischen See gern um die Nase wehen lassen, die Ruhe suchen, frische Luft und das Rauschen des Meeres.

Ein bisschen gilt das auch für **Southport**, wo der feine Sandstrand, einer der längsten in Europa, mit einer der einst schönsten englischen Uferpromenaden konkurriert. Schmuckstück sind die viktorianischen Geschäftsarkaden. Außerdem gibt es eine Indoor-Badelandschaft mit dem schönen Namen „Splashworld", eine der größten Miniatureisenbahnanlagen Englands und ein Theater- und Kongresszentrum an der Uferpromenade mit feinem Hotel.

In Liverpools Hinterland liegt **Knowsley**, ein kleines Naturparadies mit dem **National Wildflower Centre**

> **EXTRATIPP**
> **Kanaltour Liverpool – Manchester**
> Gut sechs Stunden dauert der abwechslungsreiche Ausflug auf dem Wasser, der von April bis Oktober angeboten wird. 56 km Kanal über Viadukte und unter Brücken hindurch, vorbei an alten Industrieanlagen, historischen Bauten, kreuz und quer durch eine einmalige Landschaft. Fünf Schleusen gilt es zu überwinden, 17 Höhenmeter insgesamt. Fachkundige Kommentatoren erzählen während der Reise aus der Geschichte des Kanals, an dessen Fertigung bis zu 17.000 Arbeiter beteiligt waren.
> ❭ **Veranstalter:** Mersey Ferries, Tel. 0151 3301444, Kosten pro Tour: ab 42 £, eine Reservierung ist notwendig, auch online möglich: www.merseyferries.co.uk

**Ein Tipp:** Um Englands zweitgrößte Stadt Manchester individuell zu entdecken, ist der CityTrip Manchester aus dem REISE KNOW-HOW Verlag der ideale Reiseführer.

und einem **Safari Park,** in dem man Löwen, Tigern und anderen wilden Tieren begegnen kann. Außerdem gibt es im Park ein Seelöwen-Haus mit regelmäßigen Show-Vorführungen und eine Farm mit Schweinen, Rindern, Hasen, Eseln und anderen Haustieren.

Auch rund um **St. Helens** locken Parks und Grünflächen, bieten sich vor allem für Reiter ungeahnte Ausflugsmöglichkeiten. Und auch das kleine Städtchen selbst ist mit seinen Cafés und Geschäften immer einen Zwischenstopp wert.

Wer Spaß an einer farbigen Unterwasserwelt hat, sollte das **Blue Planet Aquarium** in Ellesmere Port besuchen. Spektakulär ist sein 70 m langer gläserner Tunnel mitten durchs Wasser. Neben Fischen locken im Blue Planet Aquarium auch Amphibien wie beispielsweise die giftigsten Frösche der Welt.

Die seltenen roten Eichhörnchen trifft man im **Red Squirrel Reserve**, einer guten Adresse für alle Naturfreunde. Ganz in der Nähe kommen zudem auch Kunstfreunde auf ihre Kosten. Dort hat der Künstler Antony Gormley das von Ebbe und Flut geprägte Ufer in eine Kunstlandschaft verwandelt.

## 26 Spaceport ★ [E10]

Im Spaceport dreht sich alles um die Themen **Weltraum** und **Zeitreisen.** Zu den Attraktionen gehören u. a. eine beeindruckende filmische Weltraumreise und eine moderne Achterbahn. Die Rolle von Licht und Erdanziehungskraft erklärt eine Ausstellung im Obergeschoss. Ein Hurrikan-Simulator macht hautnah mit gefährlichen Stürmen bekannt, Angst muss man dabei aber keine haben! Und das Angebot an Videospielen ist ebenfalls groß und lässt keine Langeweile aufkommen.

› Victoria Place, Ferry Terminal Seacombe, Wirral CH44 6QY, Tel. 0151 3301003, www.spaceport.org.uk, Mo.–Fr. 10–15, Sa./So. 10–17 Uhr, Eintritt: 9,50 £ (Familienticket 24,50 £), Kombiticket mit U-Boat-Story und Fährgebühren 14,50 £, Bahnstation: Hamilton Square

## 27 U-Boat Story ★ [F13]

Mal durch ein altes deutsches U-Boot streifen? Dieser Wunsch geht am Fährterminal Woodside in Birkenhead in Erfüllung, wo sich mit dem U-534 eine der interessantesten Touristenattraktionen Liverpools findet. Das 1945 vor der dänischen Küste gesunkene und 1993 geborgene U-Boot dient heute als Museum. Filme und interaktive Displays erzählen von seinem Auftrag, seiner Bergung und Konservierung. U-534 war angeblich das letzte deutsche U-Boot, das Hitlers Reich mit einem Kampfauftrag verlassen hatte.

› The U-Boat Story. Woodside Ferry Terminal, Birkenhead, Merseyside CH41 6DU, Tel. 0151 3301003, tgl. 10.30–16 Uhr, 7,50 £, in Verbindung mit Fährticket 10 £. Bahnstation: Hamilton Square Station. Ab dort fünf Fußminuten bis zur Fährstation Woodside.

## 28 Port Sunlight Village ★ [H23]

Die Firmengeschichte des 1888 gegründeten Gartendorfs erzählt eine Ausstellung im Heritage Center (95 Greendale Road), ein Village Trail führt den Besucher über das Gelände – auch zur berühmten Lady Lever Gallery (s. S. 59), einer sehenswerten Kunstsammlung.

› 23 King George's Drive, Port Sunlight, Wirral CH62 5DX, Tel. 0151 6446466. www.portsunlightvillage.com, tgl. 10–17 Uhr, Eintritt: 4,50 £, Bahnstation: Port Sunlight

## 29 Blue Planet Aquarium ★

Das vielbesuchte Aquarium bezeichnet sich selbst als größtes von England. Kinder können einen Tag lang zusammen mit einem der Tierpfleger unterwegs sein und dabei selbst Hand anlegen, zum Beispiel einen Fischotter füttern oder zusehen, wie die Haie ihren Hunger stillen. Für das nötige

Kleingeld darf man sogar auch selbst zu den Tieren ins Wasser steigen.

› Cheshire Oaks, Ellesmere Port, Cheshire, CH65 9LF, Tel. 0151 3578804, www.blueplanetaquarium.com (Online-Buchung möglich), tgl. 10–17, am Wochenende bis 18 Uhr, Eintritt: 17,75 £ (Kinder 12,75 £, Familien 58,50 £), kräftige Preisnachlässe im Online-Vorverkauf, Bahnstation: Ellesmere Port

## ③⓪ Knowsley Safari Park ★★

Der Safaripark vor den Toren Liverpools ist eine der größten Touristenattraktionen der Region. Löwen und Tiger sind hier ebenso zu Hause wie Affen und Zebras, Elche, Kamele, Büffel, Bisons, Vögel und Reptilien.

Für den Besuch benötigt man ein eigenes Fahrzeug. Alternativ kann man an vielen Tagen einen Kleinbus zur Rundfahrt über das Gelände nutzen. Ein Teil des Parks wie das Seelöwenbecken ist auch für Fußgänger zugänglich.

› Prescot, Merseyside L34 4AN, www.knowsleysafariexperience.co.uk, Tel. 0151 4309009, Feb.–Okt. tägl. 10–15 Uhr, Nov.–Feb. eingeschränkt, Eintritt: 17,50 £, Kinder 13,50 £, Bahnstation: Prescot

## ③① Antony Gormley's Another Place und Red Squirrel Reserve ★

Formby Point ist mit dem Red Squirrel Reservat ein ideales Wander- und Reiterparadies. Das vom National Trust verwaltete, direkt an der Küste gelegene Naturreservat ist außerdem Rückzugsgebiet einer der letzten Kolonien roter Eichhörnchen in Großbritannien und Hort vieler seltener Vögel und Meerestiere.

Etwas weiter südlich, an Seftons Crosby Beach, finden sich rund 100 mannshohe Figuren des englischen Bildhauers Antony Gormley. 1977 standen diese eisernen Kunstwerke am Strand von Cuxhaven, dann in Norwegen und Belgien, ehe sie im Norden Liverpools ihre letzte Heimat fanden. Zu sehen ist das viel beachtete und über viele Kilometer verstreute Kunstwerk allerdings nur bei Ebbe, wenn die Figuren aus dem Wasser ragen.

› Red Sqirrel Reserve, Victoria Road, Freshfield, Formby, Merseyside L37 1LJ, Tel. 0170 4878591, www.nationaltrust.org.uk, täglich 9–17 Uhr (Eintritt frei), kostenpflichtige Parkplätze, Bahnstation: Freshfield

› Antony Gormley's Another Place, Sefton, www.sefton.gov.uk, Bahnstation: Hall Road, Blundellsands oder Waterloo. Von den Stationen sind es jeweils 10–15 Minuten Fußweg zur Küste.

## ③② Southport ★★

Das Highlight der Stadt sind die **viktorianischen Geschäftsarkaden** – Zeugnisse einer Zeit, in der es schick war, im eigenen Land Urlaub zu machen. Auch Southports Parks mit ihren kleinen Teichen und wunderschönen Gärten erinnern an die Anfänge des Badetourismus, von dem Southport lange Zeit profitierte. Am meisten aber freut den Besucher der feine **Sandstrand,** der vor allem im Sommer ein beliebtes Urlauber- und Wochenendziel ist.

Wunderschön renoviert wurde der alte **Pier** und ein weiteres Schmuckstück Southports ist das **Kongresszentrum** mit Theater und großer Ausstellungshalle.

Wer sich für Gartengeräte interessiert, im **Rasenmäher-Museum** (Bri-

125jp Abb.: fo©frimufilms, stock.adobe.com

tish Lawnmower Museum, 106–114 Shakespeare Street, www.lawnmowerworld.com) finden sich mehr als 200 Exemplare, darunter auch viele aus dem 19. Jahrhundert.

**Splashworld** heißt ein Indoor-Aquapark mit einem 25-Meter-Becken und Wasser-Rutschbahnen. Und vor allem die Jüngsten dürften sich im **Miniatureisenbahndorf** (www.southportmodelrailwayvillage.co.uk, April–Oktober, 4,50 £) wohlfühlen, wo eine Reihe von Lokomotiven samt Waggons verkehrt. Aber auch sonst gibt es Ab-

☝ *Viktorianische Villen gehören zum Bild von Southport, einem der meistbesuchten Badeorte Großbritanniens*

wechslung genug – vom Wellnesscenter bis zum Spielsalon –, sodass in Southport zumindest im Sommer nie Langeweile aufkommt!

❯ **Southport Tourist Information Centre The Atkinson,** Lord Street, Southport PR 8, 1NY, Tel. 01704 533333, www.visitsouthport.com, Mo.–Sa. 9.30–17, So. 11–16 Uhr

❯ **Splashworld,** Esplanade, Southport, PR8 1RX, www.splashworldsouthport.com, Tel. 0170 4537160, monatlich wechselnde Öffnungszeiten, Eintritt: 11 £, Kinder 8,70 £

❯ **Anreise nach Southport:** Der Badeort Southport wird regelmäßig von der Northern Line angefahren. Einstieg: Liverpool Central, Fahrzeit nach Southport: 44 Minuten.

# LIVERPOOL ERLEBEN

# Liverpool für Kunst- und Museumsfreunde

*Hätten Sie das gedacht? Keine andere englische Stadt neben London zählt so viele Museen, Galerien und Kunstinstitute wie die Stadt am Mersey. Viele der betagten Ausstellungshallen wurden in den letzten Jahren mit großem Aufwand restauriert, neue Kunsttempel kamen hinzu. Seit die Eintrittsgelder abgeschafft wurden, finden die staatlichen Museen einen nie gekannten Zuspruch.*

## Überblick

Im Bluecoat Arts Centre hat man sich ebenso wie im nur ein paar Gehminuten entfernten FACT-Center, der „Foundation for Art and Creative Technology", auf **aktuelle Kunst** spezialisiert. Selbiger fühlt sich auch die Open Eye Gallery verpflichtet, die moderne Fotografie aus aller Welt zeigt und hin und wieder Diskussionen und Treffen mit den Künstlern organisiert.

Wer alle Museen und Kunstinstitutionen Liverpools in Ruhe begutachten wollte, wäre mehr als eine ganze Woche unterwegs – in den **National Museums of Liverpool (NML)**, die gleich an mehreren Orten Englands größte Sammlung von Kunst und Geschichte präsentieren, sogar zum Nulltarif.

Das meistbesuchte Museum der Stadt ist das **Museum of Liverpool ❸**, nördlich des Albert Dock und direkt am Mersey gelegen. Es erinnert an die berühmten Söhne und Töchter der Stadt, an Schauspieler

wie Rita Tushingham, Philip Olivier oder Rupert Davies, der als Kommissar Maigret populär wurde, oder an Sir Simon Rattle, den weltbekannten Dirigenten. Und natürlich werden Liverpools Hit-Lieferanten gewürdigt: Gruppen wie Gerry and The Pacemakers, Frankie Goes to Hollywood oder Atomic Kitten, Solisten wie Cilla Black, Billy Fury oder Melanie C, vor allem aber die Beatles, die vier musikalischen Apostel Liverpools, die den Mersey-Sound in aller Welt bekannt machten.

Viel Zulauf findet Jahr für Jahr auch die **Tate Liverpool im Albert Dock,** wo man sich vorwiegend moderner und modernster Kunst verpflichtet fühlt. Alle zwei Jahre, immer in geraden Jahren, ist die Stadt Schauplatz der **Liverpool Biennial**, Großbritanniens größtem Festival visueller Gegenwartskunst. Von Mitte Juli bis Ende Oktober zeigen dann – auch weltbekannte – Künstler an vielen kreuz und quer über die Stadt verteilten Ausstellungsorten ihre Werke.

## National Museums of Liverpool

National Museums of Liverpool ist die einzige große britische Museumsgruppe außerhalb Londons. Sie besteht zurzeit aus sieben kulturellen Einrichtungen in Merseyside. Sämtliche ihrer Ausstellungen sind täglich von 10 bis 17 Uhr geöffnet, der **Eintritt ist frei!** Ein Teil der Ausstellungsstücke, vor allem Gemälde aus der Walker Art Gallery oder dem Sudley House, kann man in Ruhe zu Hause online auf der gemeinsamen Website aller Institutionen schon vorher ansehen und dann gezielt vor Ort besichtigen. In fast allen Museen finden sich auch ein Mu-

◁ *Vorseite: Stilvoller Afternoon Tea mit Schaumwein und Blick über die Stadt im Panoramic 34 (s. S. 68)*

seumsshop und eine Cafeteria oder ein Restaurant, die in Qualität und Leistung mit der örtlichen Gastronomie bestens mithalten können.

> www.liverpoolmuseums.org.uk

**19** [I12] **International Slavery Museum, Merseyside Maritime Museum, The Border and Customs,** Albert Dock, Liverpool L3 4AQ, Bahnstation: James Street, Busstation: Paradise Street Terminal, Tel. 0151 4784499. Drei Museen unter einem Dach! Das **International Slavery Museum** ist der Geschichte der Sklaverei gewidmet, die Liverpools Reeder einst reich gemacht hat. So zeigen Gemälde, Fotos und Videofilme unterdrückte Farbige und weiße Herrscher. Nachbauten von Sklavensiedlungen führen in die Lebenswelten von damals. Auf der anderen Seite machen Musikfilme deutlich, wie sich die Schwarzen in weiten Teilen der weißen Gesellschaft emanzipiert haben.

Im Untergeschoss ist die Abteilung **The Border and Customs** zu Hause, die in die Welt der Schmuggler einführt und zeigt, wie Zoll und Grenzpolizei ihnen immer wieder auf die Schliche kommen.

Die maritime Vergangenheit der Stadt wird im **Merseyside Maritime Museum** lebendig. Besonders eindrucksvoll sind die gewaltigen Schiffsmodelle, maßstabsgerechte Nachbauten der Titanic oder des deutschen Schlachtschiffes Tirpitz. Gemälde zeigen das Hafenleben im 18. und 19. Jahrhundert, alte Nachrichtenfilme dokumentieren die Schlachten im Atlantik, die sich Deutsche und Briten im Krieg lieferten.

**20** [H23] **Lady Lever Art Gallery,** Lower Road, Port Sunlight Village, Windy Bank, Wirral CH62 5EQ, Bahnstation: Bebington oder Port Sunlight, Busstation: Bebington Road, Tel. 0151 4784136. Englische Gemälde des 18. und 19. Jahrhunderts, Möbel, Skulpturen und altes Porzellan zeigt die Galerie auf der anderen Seite der Mersey. Das Kunstmuseum ist Teil einer Arbeitersiedlung auf der Liverpool gegenüber liegenden Halbinsel Wirral. Zu seinen Schmuckstücken gehören eine Wedgwood-Porzellan-Kollektion, griechische Vasen und römische Skulpturen.

**3** [J11] **Museum of Liverpool.** Das Museum dokumentiert Liverpools Geschichte und die seiner Menschen. Und das mit einem technischen Aufwand, wie ihn bislang noch kaum ein

*Walker Art Gallery* **12**

Stadtmuseum in England betrieben hat (s. S. 21).

**21** [V18] **Sudley House**, Mossley Hill Road, Aigburth, Liverpool L18 8BX, Bahnstation: Mossley Hill, Busstation: Elmswood Road, Tel. 0151 4784016. Hier fühlt man sich in die letzten Jahrzehnte des 19. Jahrhunderts zurückversetzt, als das Haus noch im Besitz des Großkaufmanns Georg Holt war. Seitdem hat sich die Einrichtung nur wenig verändert. Die Gemälde, Möbel und anderen Ausstattungsgegenstände sind eigentlich nur der Rahmen eines Gesamtkunstwerks: Großbritanniens einzige viktorianische Kunstsammlung, die noch an ihrem angestammten Platz zu finden ist, mit Gemälden von Turner, Hunt und anderen Künstlern jener Zeit. Besucher loben die hausgemachten Kuchen im Museumscafé.

**12** [L9] **Walker Art Gallery.** Eine der ältesten britischen Kunstgalerien zeigt europäische Malerei und Skulpturen von Weltrang, Kunst vom 13. bis zum 20. Jahrhundert: Rubens, Rembrandt, Degas ... (s. S. 36).

**10** [K9] **World Museum Liverpool.** Außer einem Planetarium begeistern vor allem botanische, zoologische und archäologische Sammlungen. Eine eigene Ausstellung ist den alten Ägyptern gewidmet. Besonders sehenswert ist zudem die Völkerkundesammlung (s. S. 33).

## Weitere Museen

**5** [I11] **British Music Experience.** 70 Jahre Brit-Pop werden hier dokumentiert und wer will, kann im interaktiven Studio mal auf einer Gitarre oder anderen Instrumenten spielen (s. S. 24).

**11** [K9] **Central Library.** Liverpools völlig neu gestaltete Zentralbibliothek glänzt mit einmalig gestalteten Lesesälen und James Audubons berühmtem Buch über Amerikas Vogelwelt (s. S. 33).

⌐ *Instrumente, Plakate und Platten aus der Skiffle-Zeit erzählen in der British Music Experience* **5** *aus der Frühgeschichte der Popmusik*

🏛 **22** [U10] **Imagine That,** 26–32 Faraday, Wavertree Technology Park. Liverpool L13 1EH, Tel. 0151 2282175, www. imaginethat.org.uk, Di.–Fr. 10–16, Sa.– So. 10–17 Uhr, Eintritt: Kinder 12,95 £, Erwachsene 3,95 £. Das für Kinder gedachte Erlebnismuseum vereint Bildung und Spaß.

🏛 **23** [I11] **RIBA North,** 21 Mann Island, Liverpool L3 1BP, www.architecture. com, Tel. 0151 7030107, Di.–Sa. 10–17 Uhr, Eintritt frei. Neues Museum zur Architekturgeschichte Liverpools.

🏛 **24** [I12] **Tate Liverpool,** Albert Dock, Liverpool L3 4BB, Tel. 0151 7027400, www.tate.org.uk, tgl. 10–17 Uhr, Eintritt frei (nicht für Sonderausstellungen). Zentrum moderner Kunst im Norden Englands. Degas, Picasso, Mondrian, Matisse, Segal, Warhol, Lichtenstein, Spoerri, Dubuffet, Oldenburg – sie alle sind mit Arbeiten hier vertreten. Zum Museum gehören ein gut sortierter Shop mit Kunstbüchern und ein Café.

● [I12] **The Beatles Story.** Kellermuseum im Albert Dock, das die Geschichte der Fab Four mit vielen Originalstücken wie Instrumenten oder Kleidung dokumentiert. Fan-Shop nebenan (s. S. 20).

❭ **The Hardman's House** (s. S. 41). Im ehemaligen Wohnhaus und Studio des berühmten Fotografen Edward Chambré Hardman sind die schönsten seiner Bilder zu sehen. Leider nur im Rahmen von geführten Touren zugänglich.

🏛 **25 The World of Glass,** Chalon Way East, St. Helens WA10 1BX, Tel. 01744 22766, www.worldofglass.com, Mo.–Sa. 10–15 Uhr, Nov.–Febr. nur bis 14.30 Uhr, Eintritt 8 £. Die Schau in St.Helens, eine halbe Autostunde von Liverpool entfernt, erzählt die Geschichte des Glases von den alten Ägyptern bis heute. Jeweils um 12, 13.45 und 15 Uhr demonstrieren Glasbläser ihre Kunst. Zum Museum gehört auch eine Vekaufsgalerie.

▱ *In der Walker Art Gallery* **12** *kann man Kunstwerke vom Mittelalter bis in die Neuzeit genießen*

🏛 **26** [N10] **Victoria Gallery & Museum,** Ashton Street (University of Liverpool), Liverpool L69 3DR, www.liv.ac.uk, Tel. 0151 7942348, Di.–Sa. 10–17 Uhr, Eintritt frei. Gemälde von William Turner oder dem amerikanischen Tiermaler James Audubon finden sich in der Universitätsgalerie. Im benachbarten Museum gibt es Belege für die universitäre Forschung wie Zähne, Fossilien, Tierskelette und eine große Ausstellung mit alten Tabakpfeifen.

🏛 **27** [I10] **Western Aproaches Museum,** 1–3 Rumford Street, Liverpool L2 8SZ, Tel. 0151 2272008, www.liverpoolwarmuseum.co.uk, nur von März bis Oktober geöffnet, Do.–Di. 10–16.30 Uhr, 6,75 £. Schon das Museumsgebäude selbst ist ein Stück Kriegsgeschichte. Sein Kern ist ein 1941 eingerichteter Bunker, von dem aus England seine militärischen Operationen gegen Deutschland plante und ausführte. Von Liverpool aus wurde vor allem der Kampf gegen die deutschen U-Boote koordiniert.

🏛 **28** [D13] **Wirral Transport Museum,** 1 Taylor Street, Birkenhead CH41 1BG, Tel. 0151 6472128, www.wirraltransportmuseum.org, Sa./So. 13–16.30 Uhr. Eintritt frei, Tramfahrt: 2 £. Links des Mersey erinnert das Museum an die Anfänge des Tramverkehrs. So verkehrte in Birkenhead die erste Straßenbahn Europas. Eine Museumsbahn fährt zudem regelmäßig zur Station der Mersey-Fähre.

## Galerien und Kunstzentren

🎨 **29** [L11] **FACT (Foundation for Art and Creative Technology),** 88 Wood Street, Liverpool L1 4DQ, Tel. 0151 7074444, www.fact.co.uk, Mo.–Sa. 9.30–21, So 10–21 Uhr, Öffnungszeiten der Galerien: Di.–So. 11–18 Uhr. Die Kunst- und Technologie-Stiftung hat sich ganz der Kultur im digitalen Zeitalter verschrieben. In dem Bau finden sich drei Lichtspieltheater, die sowohl künstlerisch ausgefallene Filme als auch Kassenschlager zeigen. Die beiden Galerien im FACT präsentieren meist Arbeiten international renommierter Film- und Videokünstler.

🎨 **30** [K11] **Liverpool Academy of Arts (LAA),** 36 Seel Street, Liverpool L1 4 BE, Tel. 0151 7090735, www.la-art.co.uk, während der Ausstellungen ist die Galerie Di. bis Sa. von 12 bis 16 Uhr geöffnet. Vorwiegend lokale Künstler haben hier die Chance, ihre Werke auszustellen und auch zu verkaufen.

🎨 **31** [I11] **Open Eye Gallery,** 19 Mann Island, Liverpool L3 1BP, Tel. 0151 2366768, www.openeye.org. uk, Di.–So. 10–17 Uhr. Moderne Fotografie hat sich die renommierte Galerie, die nahe des Museum of Liverpool liegt, auf ihre Fahnen geschrieben. Auf dem Programm stehen gewöhnlich vier Ausstellungen jährlich.

🔴 **14** [K11] **The Bluecoat Arts Centre.** Moderner Tanz und Malerei sind hier ebenso zu Hause wie andere Formen zeitgenössischer Kunst. Galerien, Restaurant, Bar und Café stehen Stadtbummlern fast immer offen (s. S. 37).

🎨 **32** [K14] **The Gallery Liverpool,** The Courtyard, 41 Stanhope Street, Liverpool L8 5RE, Tel. 0151 7092442, Di.–So. 12–16 Uhr. Dem Film, Animationen, Fotografie, Malerei und Bildhauerei hat sich die Kunstgalerie verschworen, die sich zum Ziel gesetzt hat, vor allem regionale Künstler zu fördern.

🎨 **33** Williamson Art Gallery & Museum, Slatey Road, Birkenhead, Prenton, CH43 4UE, Tel. 0151 6663537, www.williamsonartgallery.org, Mi.–So. 10–17 Uhr. Rund sechstausend Gemälde, Zeichnungen und Drucke, meist aus dem 19.Jh., nennt die Galerie vor den Toren Birkenheads ihr Eigen.

# Liverpool für Genießer

*Verhungert oder verdurstet ist am Mersey noch keiner. Fast zweitausend Restaurants, Cafés, Bars und Pubs wetteifern in und um Liverpool um die Gunst der Gäste. Vielfalt und Angebot waren noch nie so groß wie heute. Immer schicker wird das Angebot an Cafés, die nicht nur Süßes, sondern auch leckere Sandwiches und Salate offerieren.*

Natürlich brauchen auch die Freunde des Fast Food in Liverpool auf nichts zu verzichten, an vielen Ecken stillen kleine Läden den kleinen Hunger zwischendurch. Abends laden elegante Restaurants mit internationalem Charme. Selbst die Pubs sind nach Einführung des öffentlichen Rauchverbots längst nicht mehr so grau wie früher.

## Vielfalt der Küchen

Früher hieß es im Volksmund, ein Franzose lebe, um zu essen. Ein Engländer aber esse, um zu leben. Dieses Vorurteil hat schon lange keine Gültigkeit mehr, erst recht nicht in Liverpool. *Stew, Sausages, Peas, Cabbage, Chips, Dried Cod* – das waren die Schlüsselworte auf den alten Speisekarten: Eintopf, Wurst, Erbsen, Kohl, Kartoffeln und Stockfisch. Leichte Salate, zart gegartes Gemüse und Fleisch vom Feinsten sind heute gefragt. Fish 'n' Chips, das Jahrzehnte für britische Esskultur stand, hat Konkurrenz bekommen.

Mehr und mehr auch **bestimmt der Markt das kulinarische Angebot**, kommt nur auf den Tisch, was frisch zu haben ist. Gemüse vor allem, das blanchiert und gedünstet serviert wird statt wie früher zu einer Pampe zerkocht. Nach Salz und

Pfeffer haben Englands Köche zudem längst auch Koriander und Safran entdeckt, Kurkuma, Nelken und weitere Gewürze.

Hinzu kommt die zunehmende **Globalisierung der Küche**, die sich in immer neuen exotischen Angeboten zeigt. Argentinische finden sich neben brasilianischen Steakhäusern, Mexikaner neben Italienern – Essen für jeden Geschmack und Geldbeutel. In der Gastronomie am Mersey, verkörpert durch über Tausend Bistros, Pubs und Restaurants, ist die britische Küche mittlerweile nur noch eine unter vielen. Von Tapas bis Tortillas reicht das Angebot heute, von afrikanischer bis asiatischer Küche. Vor allem im Viertel der Chinesen rund um die Nelson Street reiht sich ein chinesisches Lokal an das andere.

Je trendbewusster es zugeht, je renommierter der Koch, desto teurer wird das Essen. Umgerechnet etwa 30 bis 35 Euro muss man für ein dreigängiges Menü samt einem Getränk im Durchschnitt einkalkulieren, mindestens den doppelten Betrag in den angesagten Gourmettempeln der Stadt. Oft werden aber auch dort Spezialmenüs angeboten und vor 19 Uhr isst man generell oft ein bisschen günstiger. Auf alle Fälle lohnt das genauere Studieren der Websites und Speisekarten, die an jeder Eingangstür aushängen müssen.

Oft kommt zu den aktuellen Preisen, welche in der Regel die Mehrwertsteuer mit ausweisen, noch eine *Service Charge* dazu, ein **Bedienungsentgelt** von 10 bis 15 %.

Die preiswerte Alternative zu den Restaurants sind Pizza- und Dönerbuden sowie Hamburgerläden, die wie die unzähligen asiatischen Fast-Food-Läden überall in Liverpool zu finden sind. Für preisbewusste Esser

128lp Abb.: gs

sind auch die sogenannten **BYO-Gast-stätten** (Bring Your Own) gedacht, wo man seine alkoholischen Getränke selbst mitbringt, also nur für die Mahlzeit bezahlt. Vielen Gastronomen nämlich sind die Kosten für die Alkohollizenzen zu hoch, weshalb sie auf den Ausschank von Bier und Wein verzichten.

Zum Schluss noch ein paar **Ratschläge**: Vor allem sonntags ist es angeraten, vor einem Restaurantbesuch einen Tisch zu reservieren. Auch hassen es die Wirte, wenn man einfach ins Lokal spaziert und sich direkt an einen Tisch setzt. Sie weisen ihren Gästen lieber einen Platz zu. Sollte keiner frei sein, wird man gewöhnlich in die Lounge geleitet, wo man bei einem Aperitif schon mal die Menükarte studieren kann bis ein Tisch frei wird.

Sparfüchsen sei die Einkehr in eines der vielen **Museumscafés und -restaurants** empfohlen, die preiswerte Mahlzeiten oder eine kleine Stärkung für Zwischendurch meist recht günstig anbieten.

⌂ *Das klassische englische Frühstück ist auf keinen Fall Schonkost*

## Vom Frühstück zum Abendessen

Mit einem **rustikalen Frühstück** starten die Briten in den Tag. *English breakfast* heißt das und wird auf Wunsch auch in vielen Hotels angeboten, manchmal allerdings nur gegen Aufschlag. Es besteht traditionell aus Tee, Orangen- oder Grapefruitsaft, Cornflakes oder *Cereals* (Müsli), Toast, gesalzener Butter und bitterer Orangenmarmelade. Dazu kommen, je nach Hunger, Schinken, Speck, Rühr- oder Spiegeleier, Würstchen, gegrillte Champignons und weiße Bohnen in Tomatensoße. Ganz traditionell auch noch Kippers, Bratfisch oder Bückling. Für Touristen servieren die meisten Herbergen aber auch ein *continental breakfast:* Toast, Butter und Marmelade, wie man es von zu Hause eher gewöhnt ist.

**EXTRAINFOS**

### Wir müssen draußenbleiben

Man sollte wissen, dass Vierbeiner wie **Hunde** nicht ins Restaurant dürfen und auch nicht immer mit in den Pub. Über hundefreundliche Pubs in Großbritannien informiert die Website www.doggiepubs.org.uk.

Der **Lunch,** wie das Mittagessen auf der Insel genannt wird, fällt nach dem kräftigen Frühstück meist kleiner aus. Zwischen 12 und 14 Uhr sind oft nur kalter Braten, Salate aller Art, Pasteten, Brot und Käse gefragt, gern auch Suppen oder kleine überbackene Leckereien. *Cornish Pasties,* die es in vielen Bäckereien zum Mitnehmen gibt, sind mit Fleisch oder auch Gemüse gefüllte Teigtaschen. Natürlich können diese auch mit Schokolade oder sonstigem Süßkram gefüllt sein.

Zunehmend zur Mittagspause werden auch die Lebensmittelabteilungen der großen Kaufhäuser genutzt, die immer eine Anzahl leckerer Salate, belegter Sandwiches und Baguettes vorhalten.

Obwohl jeder englische Arbeiter das Recht auf mindestens eine **Teepause** am Tag hat, wird der *afternoon tea* längst nicht mehr so ernst genommen wie früher. Allerdings erinnern die Teekannen auf fast jedem Hotelzimmer noch an diese Zeit, in der es zum guten Ton gehörte, sich am Spätnachmittag bei einer oder mehreren Tassen Tee zusammenzusetzen. Dazu gab oder gibt es Kuchen und Süßigkeiten, insbesondere mit Butter bestrichene Muffins oder Scones (Rosinenbrötchen), die traditionell mit Erdbeermarmelade und Sahne bestrichen werden, vor allem aber mit *clotted cream.* Unter dieser englischen Bezeichnung versteht man einen dicken Rahm aus roher Kuhmilch mit mindestens 55 % (!) Fettgehalt.

Natürlich gibt es diese Leckereien auch heute noch, doch vom Nährwert her kann man dann auf das Abendessen getrost verzichten. Denn das **Dinner** wird traditionell schon zwischen 19 und 19.30 Uhr eingenommen und besteht im Restaurant gewöhnlich aus zwei oder drei Gängen.

Übrigens: In immer mehr Restaurants in Liverpool kann man jetzt auch **online reservieren:** einfach auf die Website schauen!

☑ *Liverpools Küche ist mehr als nur Fish and Chips*

091lp Abb.: gs

## Regionalküche in Perfektion

Kräuter der Halbinsel Wirral, Fleisch und Pilze aus dem Hinterland und Fische aus der Bucht vor Liverpool sind die Zutaten, aus denen man in dem schicken Hotelrestaurant im Theaterviertel feine Menüs kreiert. 190 Positionen umfasst die Weinkarte, darunter Weine aus dem Rheingau und aus Rheinhessen.

Morgens lädt man zum großen Frühstück, sonntags zum großen Lunch, nachmittags zum Afternoon Tea. Mit Menüs ab 22 £ stimmt in dem Familienbetrieb auch das Verhältnis zwischen Preis und Leistung!

🎧**41** [M12] **The London Carriage Works** ££, 40 Hope Street, Liverpool L1 9DA, , Tel. 0151 7052222, www. thelondoncarriageworks.co.uk, Mo.– Sa. 7–22, So 7–21 Uhr, Nachmittagstee 15–17 Uhr

070lp Abb.: gs

## Empfehlenswerte Lokale

### Restaurants für jeden Geschmack und Geldbeutel

🎧**34** [H9] **Bacchus Taverna** £–££, 14 Waterloo Road, Liverpool L3 7BB, Tel. 0151 2551661, www.bacchustaverna.co.uk, Mo.–Sa. 16.30–23, So.14–22 Uhr. Traditionelle griechische Küche.

🎧**35** [L12] **Big Bowl Noodle Bar** £, 14 Berry Street, Liverpool L1 4 JQ, Tel. 0151 7090480, tgl. 11.30–23 Uhr. Versteckt liegendes Einfachst-Lokal mit frischer, authentischer und preiswerter Chinaküche. Für alle, die auf ihre Urlaubskasse achten müssen!

🎧**36** [M11] **Bistro Jacques** £–££, 37–41 Hardman Street, Liverpool L1 9AS, Tel. 0151 7091998, www.bistrojacques. com, tgl. 11.45–22, Fr. und Sa. bis 22.30 Uhr. Restaurant im Theater-Distrikt, gutes Preis-Leistungs-Verhältnis. Mittags gibt es ein täglich wechselndes Stammessen und abends bis 18.30 Uhr ein dreigängiges Menü für 12,95 £, das sogenannte Pre Theatre Menu.

🎧**37** [J10] **Fonseca's** £££, 12 Stanley Street, Liverpool L1 6AF, Tel. 0151 2550808, www.delifonseca.co.uk, Do.– Sa. 17–22 Uhr. Viel gerühmtes Restaurant mit moderner, saisonaler britischer Küche, tgl. wechselndes Hauptmenü.

🎧**38** [M12] **HOST** ££–£££, 31 Hope Street, Liverpool L1 9HX, Tel. 0151 7085831, www.ho-st.co.uk, Mo.–Sa. 11–23, So. 12–22 Uhr. Moderne asiatisch inspirierte Küche, auch für Vegetarierer und Veganer geeignet. Kinder essen kostenlos!

🎧**39** [L12] **Il Forno** ££, 132 Duke Street, Liverpool L1 5 AG, Tel. 0151 6680006, www.ilforno.co.uk, tgl. 12–23 Uhr. Viel gerühmter Italiener mit ausgezeichnetem Service. Freitags Fischtag.

🎧**40** [I10] **Meet Argentina** ££, 2 Brunswick Street, Liverpool, L2 OPL, Tel. 0151 2581816, www.meetsteakhouse.co.uk,

Mo.-So. 17-23 Uhr. Hier können Sie den Köchen beim Grillen zusehen. Mit einem Sirloin-Steak, das klein, mittel oder groß serviert wird, ist man immer gut bedient.

**42** [M11] **Pen Factory** ££, 13 Hope Street, Liverpool L1 9BQ, Tel. 0151 7097887, www.pen-factory.co.uk, Di.-Sa. 11-24 Uhr. Restaurant im Theaterviertel mit durchgehend geöffneter Küche – vom Frühstück bis zum Late-Night-Dinner.

**43** [L11] **Salt House Tapas** £, 1 Hanover Street, Liverpool L1 3 DW, Tel.0151 7060092, www.salthousetapas.co.uk, tgl. 12-22.30 Uhr. Hier gibt es spanische Leckerbissen. Online-Reservierung möglich!

**44** [L12] **Sapporo Teppanyaki** ££-£££, 13 Duke Street, Liverpool L1 5AG, Tel 0151 6680333, www.sapporo.co.uk, tgl. 12-22.30, Fr./Sa. bis 23 Uhr. Japanische Küche. Hier kann man den Köchen bei der Arbeit – oft ein flammendes Spektakel – zuschauen.

**45** [L12] **Savina** £-££, 138 Duke Street, Liverpool L1 5AG, Tel. 0151 7089095 www.savinarestaurant.co uk, Mo.-Fr. 12-23, Sa./So. 13-24

## Wo die Einheimischen gern speisen

Gestellt wie immer mehr Lokale ist dieses Gasthaus in der geschäftigen Bold Street nicht Einfache Holztische prägen das Bild. Doch bei Maggie May's kehrt man wegen der Küche ein, die gut, einfach und preisgünstig ist. So gibt es jeden Tag eine Suppe – und natürlich *Scouse*, das Liverpooler Nationalgericht (s. S. 97). Bestellt wird am Tresen, serviert am Platz!

**50** [L11] **Maggie May's** £-££, 90 Bold Street, Liverpool L1 4HY, Tel. 0151 7097600, Mo.-Mi und Sa. 9 45-18, Do.-Fr. 9.45-19 Uhr

### Preiskategorien

| | |
|---|---|
| £ | Menü bis 20 £ (ca. 22 €) |
| ££ | Menü bis 40 £ (ca. 45 €) |
| £££ | Menü ab 40 £ |

Uhr. Edel-Mexikaner in einem alten Backsteingebäude mit einem guten Preis-Leistungs-Verhältnis.

**46** [K12] **The Monro** £-££, 92 Duke Street, Liverpool L1 5AG, Tel. 0151 7079933, www.themonro.com, tgl. 12-23 Uhr Uhr. Moderne britische Küche mit saisonalen, frischen Produkten, auch vegetarisch, vegan und glutenfrei. Im Angebot ist zudem ein 7-Gänge-Menü für 55 £.

**47** [I10] **The Restaurant Bar & Grill** £££, Halifax House, 5 Brunswick Street, Liverpool L2 OUU, Tel. 0151 2366703, www.individualrestaurants.com, Mo.-Sa 11.30-23, So 11.30-22.30 Uhr. Das in einem ehemals viktorianischen Bank-Palast errichtete Restaurant verwöhnt u.a. mit Seeteufel und feinsten Steaks.

## Vegetarische Restaurants

**48** [L11] **The Egg Cafe** £-££, 16-18 Newington, 2. Stock, Liverpool L1 4ED, Tel. 0151 7072755, www.eggcafe.co.uk, Mo.-Fr. 9-22.30 Uhr, Sa.-So. 10-22.30 Uhr. Ein ehemaliges viktorianisches Warenhaus ist Liverpools erste Adresse für Vegetarier und Veganer. Im Angebot sind eine frische Tagessuppe, Pilz- und Hummusgerichte, Salate und Quiches. Bis 12 Uhr wird auch ein fleischloses englisches Frühstück serviert.

**49** [e18] **The Old Hardware Shop** £, 8 Woolton Street, Liverpool L25 5JA, Tel. 0151 3457370, www.theoldhardwareshop.yolasite.com, Di.-Fr. 10-17, Sa. 10.30-17 Uhr. Bistro für Vegetarier und Veganer im Stadtteil Woolton: Falafel, Hummus, Sandwiches und Salate.

## Nachmittagstee mit bester Aussicht

**West Tower** heißt Liverpools höchster Wolkenkratzer, ein vierzigstöckiges Hochhaus am Mersey-Ufer. Im 34. Stock kann man fürstlich speisen und einem liegt zum Beispiel beim Nachmittagstee ganz Liverpool zu Füßen. Ganz klassisch wird er hier unter Verwendung von Handschuhen serviert, mit einem Glas Nyetimber Rosé, einem englischen Schaumwein aus der Güteklasse des Champagners. Acht Teesorten stehen zur Auswahl, dazu handgemachte Köstlichkeiten wie Sandwiches, Scones und *Pastries*, kleine, süße Verführer, die traditionell in der Etagere auf den Tisch kommen. Das Ganze ist nicht ganz günstig, versteht sich, denn die Aussicht ist unbezahlbar. Besonders eindrucksvoll sind die Sonnenuntergänge über dem Mersey.

**55** [H9] **Panoramic 34** £££, West Tower, Brook Street, Liverpool L3 9PJ, Tel. 0151 2365534, www.panoramic34.com, Di.–Sa. 11–23.30, So. 11–23 Uhr

130lp Abb.: gs

## Cafés

**51** [J10] **Caffè Nero**, 38 Castle Street, Liverpool L2 ONR, Tel. 0151 2279797, www.caffenero.com, Mo.–Fr. 6.30–18 Uhr, Sa. 7.30–18 Uhr, So. 8.30–17 Uhr. Der Espresso wird in ganz Liverpool gerühmt. Lecker sind die belegten Paninis und handgemachten Gourmet-Sandwiches für den kleinen Hunger zwischendurch. Weitere Cafés der Kette finden sich in der Bold Street, Whitechapel, Liverpool Street, im Bahnhof Lime Street und im Shoppingcenter Liverpool One **15**.

**52** [M11] **Cuthbert's Bakehouse**, 103 Mount Pleasant, Liverpool L3 STB, Tel. 0151 7099912, www.cuthbertsbakehouse.co.uk, Mo., Mi.–Fr. 9–18, Di. 9–20.30, Sa. 10–18, So. 11–17 Uhr. Eine der ersten Adressen für alle Freunde des High Tea, den es hier auch in veganer Gestalt gibt. Außerdem Kuchen en masse – und Paninins, Bagels oder Nachos für alle, die süß weniger mögen.

**53** [M12] **Mezzanine Café Bar**, Liverpool Cathedral, St. James Mount, Liverpool L1 7AZ, Tel. 0151 7096271, Mo.–Sa. 9–16.30 Uhr. Ein echter Geheimtipp ist die Café-Bar über dem Shop der Kathedrale.

**54** [I10] **Oh Me Oh My**, 25 Water Street, Liverpool L2 ORG, Tel. 0151 2274810, http://ohmeohmyliverpool.co.uk, Mo.–Fr. 9–16 Uhr. Großer Teepalast mit schönem Dachgarten und Mersey-Blick: Frühstück, Mittagsimbiss und Afternoon Tea.

▷ *Im Cavern Quarter sorgt die Polizei vor allem am Wochenende dafür, dass das Nachtleben nicht aus dem Ruder läuft*

◁ *Beim klassischen Nachmittagstee, traditionell serviert auf einer Etagere, liegt einem im Panoramic 34 ganz Liverpool zu Füßen*

059|p Abb.: gs

# Liverpool am Abend

*Liverpool ist eine Stadt mit Herz. In zwei, drei Tagen lässt sich ihr Puls leicht fühlen. Um sie zu erobern, braucht es freilich länger. Deshalb gibt es Briten, die fast jedes Wochenende Richtung Liverpool reisen. Vor allem Nachtschwärmer loben die Stadt in höchsten Tönen, die als eine der lebendigsten auf der Insel gilt. Unter vielen jungen Leuten rangiert Liverpools Nachtleben inzwischen noch vor London und Manchester auf Platz Eins. Langweilig jedenfalls ist es am Mersey noch keinem geworden.*

## Nachtleben

### Überblick

Die Geschichte des Liverpooler Freizeitvergnügens ist lang. So zählte die Stadt schon anno 1871 ein Dutzend Theater, Musikhallen und andere große Unterhaltungsschauplätze, dazu Konzertbühnen wie St. George's Hall ❾, die damals freilich den kulturellen Eliten vorbehalten waren. In der ersten Hälfte des 20. Jahrhunderts aber wurden **viele Theater durch Ki**nos ersetzt. Anno 1913 etwa gab es in Liverpool insgesamt noch elf Theater und 32 Kinos. Im Jahr 1931 dagegen waren es nur noch sechs Theater, aber 69 Kinos. Zwei von drei Einwohnern, so wollen Kulturhistoriker ausgerechnet haben, gingen zu dieser Zeit jede Woche mindestens einmal in ein Lichtspieltheater.

Zwar dämpfte das Fernsehen in der zweiten Hälfte des vorigen Jahrhunderts die Lust am abendlichen Kneipengang oder am Theater-, Konzert- oder Kinobesuch. Spätestens mit der Jahrtausendwende und dem Aufkommen **neuer Amüsiermeilen** rund um das Albert Dock ❶, um Hope-, Duke- und Wood Street aber hatte Liverpool seine alte Feierlaune wiedergefunden.

In immer neuen Klubs und Bars schlägt die sich nieder, vor allem auch im Bau vieler neuer Hotels, die den Nachtschwärmern am Wochenende Unterschlupf bieten. Zuletzt waren Liverpools Betten an den Wochenenden zu fast neunzig Prozent belegt und die Übernachtungszahlen erreichten neue Rekordhöhen. Experten wollen ausgerechnet haben, dass sich an sehr vielen Wochenenden rund 100.000 Feierwütige in den Amüsiervierteln drängen.

Zentrale Vergnügungsachsen sind nach wie vor die Gegenden um Mathew Street [J10], Duke Street [K11] und Seel Street [K11], wo sich die Klubs und Bars ballen. Immer mehr in den Fokus der Nachtschwärmer rückt auch das sogenannte **Baltic Triangle**, die Gegend um Park Lane [J11–K12] und St. James Street [K12–L13].

## Pubs – Treffpunkte der Generationen

Englands populärste Freizeittreffs sind nach wie vor die *Public Houses,* kurz *Pubs* genannt. Für viele Briten sind sie **eine Art zweites Wohnzimmer,** ein Ort zum Plausch mit Nachbarn, Arbeitskollegen, Freunden und Verwandten. Nur Kinder unter 14 Jahren haben offiziell im Pub nichts zu suchen, weshalb viele Gaststätten sogenannte *Family Rooms* eingerichtet haben, in denen auch die jüngsten Familienmitglieder Einlass finden. Früher wurden die Pubs generell um 23 Uhr dicht gemacht, weshalb mancher Pubbesucher kurz vorher noch zum Sturztrunk veranlasst sah. Inzwischen sind allen Gaststätten, zumindest denen, die nicht in einem Wohngebiet liegen, auch längere Öffnungszeiten erlaubt.

Manchmal finden sich an den Eingangstüren zum Pub noch Schilder, die aus einer Zeit stammen, als die Briten über ein ausgeprägtes Standesbewusstsein verfügten. *Public*

### Gastro- und Nightlife-Areale
Bläulich hervorgehobene Bereiche in den Karten kennzeichnen Gebiete mit einem dichten Angebot an Restaurants, Bars, Klubs, Discos etc.

*Bar* steht für eine rustikale Einrichtung, weshalb sich hier früher meist nur die harten Trinker versammelten. *Saloon Bar* markiert den Pub des Bürgers, was man auch an den Preisen spüren kann. Hinter der *Private Bar* verbirgt sich in der Regel ein Klub, in dem sich auch alleinreisende Damen wohlfühlen können. Als *Lounge Bar* schließlich firmieren gut ausgestattete Pubs, in denen häufig auch bedient wird, denn in der Regel finden sich im Pub keine Kellner und Kellnerinnen. Deshalb gilt es, immer **am Tresen zu bestellen:** ein *Pint* zum Beispiel (ausgesprochen: Paint), was etwa einem halben Maß entspricht, oder ein *Half-a-Pint.* Dabei sollte man auch die Biersorte nennen, denn nur „ein Bier" zu bestellen, gilt als unhöflich.

Das gezapfte **Bier,** das sogenannte *Real Ale,* hat in der Regel fast keinen Schaum – und ist gewöhnlich auch längst nicht so kühl wie sonst in Europa. Geschmacklich von Kontinentaleuropa beeinflusst ist das sogenannte *Lager,* das gefiltert und pasteurisiert wird und deshalb auch deutlich teurer ist als das obergärige Bitter-Bier. Übrigens muss es nicht immer Bier sein: Wer will, kann auch mal *Cider* probieren, den englischen Apfelwein, der deutlich mehr Alkoholgrade aufweist als das deutsche Pendant. Auch Wein gibt es inzwischen im Pub, dessen Qualität aber nicht immer mit den Preisen Schritt hält.

Gezahlt wird im Pub gleich am Tresen, beim Wirt, der Wirtin oder ihren Helfern, die kein Trinkgeld erwarten. Ärgerlich können sie jedoch werden, wenn Gruppen ihre Getränke einzeln bezahlen. Deshalb ist es ratsam, wenn jeder jeden abwechselnd zu einem Drink einlädt. Spätestens aber wenn es laut „Last Orders" heißt, sollte die letzte Bestellung am Tresen eingehen.

Schöne Pubs finden sich über die ganze Stadt verteilt. Einige wie der Philharmonic Dining Room sind längst Touristenattraktionen. Die stimmungsvollsten liegen deshalb etwas abseits der touristischen Routen wie Belvedere Arms oder Peter Kavanagh's Pub im Künstler- und Studentenviertel Hope Street ⓭.

Eine hilfreiche Website für Nachteuler ist www.anightinliverpool.com.

### Bars und Pubs

**❼56** [L11] **Alma de Cuba**, St. Peter's Church, 90 Seel Street, Liverpool L1 4BH, Tel. 0151 3053744, www.alma-de-cuba.com, Mo.–Do. 12–1, Fr. 12–2, Sa. 12–3, So. 12–24 Uhr. Schicke Restaurant-Bar in einem der ältesten Liverpooler Gotteshäuser. Glasfenster und Altar hat man ebenso wie die Kapelle in den Gastronomiebetrieb integriert.

**❺57** [M12] **Belvedere Arms**, 5 Sugnall Street, Liverpool L7 7EB, Tel. 0151 7090303, tgl. 12–24 Uhr. Bei den Einheimischen beliebter Pub im Künstler- und Studentenviertel Hope Street: Bier vom Fass und vor allem viele Sorten Gin.

**❼58** [I12] **PanAm Bar und Restaurant**, Britannia Pavillon, Albert Dock, Liverpool L3 4AE, www.panambarliverpool.co.uk, Tel. 0151 7025831, tgl. 11–23 Uhr (Fr. und Sa. auch länger). Klub mit Hafenblick für alle Nachteulen. Bei Kerzenlicht munden auch Snacks und Sandwiches.

**❺59** [N13] **Peter Kavanagh's Pub**, 2–6 Egerton Street, Liverpool L8 7LY, Tel. 0151 7093443, tgl. 12–24 Uhr (Fr. und Sa. bis 1 Uhr). Wunderschöner Bilderbuch-Pub mit vielen schrägen Gestalten abseits der Touristenpfade – Liverpool, wie es leibt und lebt.

**❺60** [M11] **Philharmonic Dining Room**, 36 Hope Street, Liverpool L1 9BX, Tel. 0151 7072837, www.nicholsonspubs.co.uk, tgl. 11–24 Uhr. Kennern gilt er als der schönste Pub in der Stadt. Sein

## Smoker's Guide

In Großbritannien gilt **ausnahmslos ein allgemeines Rauchverbot, das** streng eingehalten wird. Rauchen ist an allen öffentlichen Plätzen, in allen öffentlichen Einrichtungen und an Arbeitsplätzen verboten. Dies gilt auch für Bahnhöfe und weitgehend geschlossene Bushaltestellen. Selbst auf der Straße ist Rauchen inzwischen nicht gern gesehen.

Erlaubt ist das Rauchen nur in privaten Räumen und eigens ausgewiesenen Hotelzimmern. Gastronomische Einrichtungen haben häufig einen **für Raucher reservierten Außenbereich.**

064lp Abb.: gs

⌃ *Eine Kirche als Bar und Restaurant – im Alma de Cuba (s. links) wird heute gespeist und getrunken*

## Binge Drinking – saufen bis zum Umfallen

„Binge Drinking" ist ein typisch englisches Wort, das dem Cockney-Dialekt entstammt. Dahinter verbergen sich in der Regel **kollektive Massenbesäufnisse**, teilweise auch Kampftrinken mit Wettbewerbscharakter.

Als „Komasaufen" kennt man das Phänomen auch in Deutschland. Doch während in den deutschsprachigen Ländern exzessiver Alkoholgenuss gesellschaftlich meist noch immer verpönt ist, müssen sich englische Jugendliche damit abfinden, von vielen ihrer Freunde und Bekannten schief angesehen zu werden, wenn sie einen Bogen um die Wochenendbesäufnisse machen. Vor allem in den Großstädten beschäftigt das Binge Drinking freitags und samstags Polizei und Rettungsdienste, die in diesen Nächten am meisten zu tun haben.

Auch Liverpools Amüsiermeilen zeigen sich an den Wochenenden hin und wieder mehr feucht als fröhlich, hat doch der Suff in der alten Hafenstadt eine **lange Tradition.** Schon zu viktorianischer Zeit betranken sich Männer und Frauen mehr oder minder regelmäßig, was sich damals auch in der Kriminalstatistik spiegelte. So rangierten in der zweiten Hälfte des 19. Jahrhunderts Arreste wegen Trunkenheit an der Spitze aller Vergehen. Selbst moralische Instanzen wie die Kirche tolerierten den Alkoholgenuss, gestanden Hafenarbeitern mindestens fünf Liter Bier als tägliche Ration zu.

Es ist daher kein Wunder, dass Liverpool im ganzen Land **für seine Säufer** berüchtigt war. Ende des 19. Jahrhunderts versuchten die Sicherheitsbehörden deshalb, die Ausschankzeiten, die teils bis in den frühen Morgen dauerten, zu begrenzen - mit mäßigem Erfolg. Auch wenn der Alkoholkonsum in England zeitweise zurückging, hatte Liverpool immer in etwa die doppelte Anzahl an Alkoholleichen und Promilletätern als andere englische Städte zu verzeichnen.

Früher erklärte man sich den Wochenendsuff mit der schweren körperlichen Arbeit im Hafen. Dockarbeiter erstickten im Rausch die Qualen eines nicht selten zwölf Stunden langen Arbeitstages. Heute helfen diese Erklärungsmuster wenig, um das feuchtfröhliche Treiben zu deuten. Inzwischen gehört das Trinken nämlich zur Geselligkeit, welche die Liverpudlians nicht nur am Wochenende pflegen.

Übrigens: In England wird häufig **deutlich schneller getrunken** als in Deutschland, Österreich oder der Schweiz. Für die Rettungsfahrzeuge heißt das am Wochenende Hochbetrieb, für die Polizei, die sich inzwischen auf das Binge Drinking eingestellt hat, besondere Vorsicht.

In vielen Problemgebieten Liverpools ist der öffentliche Alkoholgenuss deshalb ganz verboten, Schilder warnen die Trinker. Vor allem entlang der Amüsiermeilen wie rund um die Seel Street finden sich diese Verbotstafeln, die für den öffentlichen Alkoholgenuss Strafen bis zu 500 Pfund vorsehen. Auch **in Liverpools Fußballstadien** ist der Bierausschank beschränkt. Kurz vor und während des Spiels darf gar kein Alkohol mehr ausgeschenkt werden.

Wer spät abends unterwegs ist, sollte Randalierern und Krawallmachern immer elegant ausweichen.

viktorianisches Ambiente vergisst man so schnell nicht, leider touristisch überlaufen. Viele Besucher kommen freilich nur wegen der Herrentoilette, die als die schönste Englands gilt.

⏱61 [K11] **Santa Chupitos**, 41 Slater Street, Liverpool L1 4BX, Tel. 0151 7076527, www.santachupitos.com, Mo.–Mi. 17–2, Do. und So. 17–3, Fr./ Sa. 17–4 Uhr. Gut sortierte Cocktailbar in der Stadtmitte.

⏱62 [J11] **The Bierkeller**, 6 Thomas Steers Ways (Liverpool One), Liverpool L1 8LW, Tel. 0845 5333000, https://thebierkeller.com, Mo.–Do. 15.30–1, Fr. 15.30–2, Sa. 11–2, So. 12–1 Uhr. Ein kleines Hofbräuhaus am Mersey. Im Angebot sind mehr als 80 Sorten Bier, die für feucht-fröhliche Abende sorgen. Für alle, die laute Gesellligkeit lieben.

⏱63 [N12] **The Caledonia**, 22 Caledonia Street, Liverpool L7 7DX, Tel. 0151 3062496, www.thecaledonialiverpool. com, So.–Do. 12–24, Fr./Sa. 12–1 Uhr. Beliebter Pub, wo die Einheimischen ihr Bier gern zu Livemusik genießen. Vor allem Jazzer machen hier gern Station!

**The Brink: alkoholfreie Bar**

Mit Tee und alkoholfreien Cocktails lockt Liverpools erste alkoholfreie und ganztägig geöffnete Bar. Angeboten werden auch Frühstück und warme Gerichte wie Veggie-Burger oder Fish 'n' Chips. Auch nüchtern Spaß machen die Livekonzerte, Kinoabende und TV-Fußball. Der erwirtschaftete Gewinn kommt der Betreuung von Alkoholikern zugute.

⏱64 [L11] **The Brink**, 15–21 Parr Street, Liverpool L1 4JN, Tel. 0151 7030582, Mo.–Sa. 9–20, So. 10–19 Uhr, www.thebrinkliverpool.com

◹ *Liverpools Nachtleben ist oft laut und alkoholschwer wie hier im Cavern Club (s. S. 74), wo fast täglich Livemusik geboten wird*

131p Abb.: gs

## Bier ist nicht gleich Bier

072|p Abb.: gs

> **Brown Ale:** *süß, kräftig, dunkel*
> **Real Ale:** *Fassbier ohne Kohlensäure mit bis zu 8 % Alkoholgehalt*
> **Barley Wine:** *extra starkes Bier*
> **Light Ale (Lager):** *hell, schäumend*
> **Mild:** *dunkel*
> **Stout:** *Starkbier - Guinness (bitter), Mackeson (süß)*
> **Bitter:** *dunkles Fassbier (obergärig und bitter)*

Und sogar Hunde sind hier ausdrücklich erwünscht.

**❶65** [L11] **The Roscoe Head,** 24 Roscoe Street, Liverpool L1 2SX, Tel. 0151 7094365, www.roscoehead.co.uk, Mo. 11.30–23, Di.–Sa. 11.30–24, So. 12–24 Uhr. Der 1870 gegründete, traditionell englische Pub ist fast mehr Wohnzimmer als Gasthaus und bietet Bier vom Fass.

**❷66** [L11] **The Shipping Forecast,** 15 Slater Street, Liverpool L1 4BW, Tel.0151 7096901 www.theshippingforecast liverpool.com. So.–Do. 12–24, Fr./Sa. 12–3 Uhr. Musikkneipe mit viel Livemusik – vor allem am Wochenende. Küche bis 22 Uhr.

### Klubs, Discos & Co.

**❸67** [K13] **24 Kitchen Street,** 24 Kitchen Street, Liverpool L1 0AN, Tel. 0780 1982583, Fr./Sa. 21–4 Uhr. Im viktorianischen Gebäude im Szeneviertel Baltic Triangle sind jetzt elektronische Musik und Kunst zu Hause. Tanz bis zum Morgengrauen.

**❹69** [K13] **Camp and Furnace,** 67 Greenland Street, Liverpool L1 0BY, Tel. 0151 7082890, www.campand furnace.com, Mo./Mi. 10–21, So./Di.

10–24, Do. 10–1, Fr./Sa. 10–2.30 Uhr. Sehr beliebtes Party- und Freizeitzentrum in einem alten Warenhaus, abends populärer Disco-Treff, am Wochenende häufig Livemusik oder Stand-up-Comedy.

**❺70** [L11] **Heebie Jeebies,** 80–82 Seel Street, Liverpool L1 4BH, Tel. 0151 7093678, Mo.–Mi. 17–3, Do./Fr. 17–4, Sa. 13–4, So. 13–3 Uhr. Traditioneller Treffpunkt der Indie- und Alternativszene, häufig Livemusik. Junges Publikum. Seit Kurzem mit kleinen Indieklub (EBGBS) im Keller. Eintritt nur mit Personalausweis.

**❻71** [J10] **The Cavern Club,** 10 Mathew Street, Liverpool, L2 6RE, Tel. 0151 2361965, www.cavernclub.org, So.–Mi. 10–24, Do. 10–1.30, Fr./Sa. 10–2 Uhr. Die Neuauflage des legendären Beat-Klubs der 1960er-Jahre ist noch immer einer der bekanntesten Liverpooler Klubs. Vor allem Beatles-Nostalgiker kommen hier auf ihre Kosten. Am Wochenende spielen gewöhnlich Livebands, dann zahlt man auch Eintritt.

**❼72** [K11] **The Krazyhouse,** 16 Wood Street (Eingang Seel Street), Liverpool L1 4AQ, Tel. 0151 7085016, www.thekrazyhouse. co.uk, Do.–Sa. 22.30–4 Uhr. Punks, Studenten und Metal-Fans fühlen sich hier

**EXTRATIPP**

**Casino Royale**

Wer Poker, Roulette oder Black Jack liebt, ist in dem modernen Casino direkt am Queens Dock richtig. Im Restaurant lässt es sich fein tafeln – und über das Restgeld freuen sich die Spielautomaten. Geöffnet ist übrigens rund um die Uhr.

● **77** [K13] **Leo Casino**, 44 Chaloner Street, Queens Dock, Liverpool, L3 4BF, Tel. 0151 7098878, www.grosvenorcasinos.com

wohl. Gespielt werden aber auch Indie und House.

● **73** [M11] **The Magnet**, 45 Hardman Street, Liverpool L1 9AS, Tel. 0151 3636623, www.magnet-liverpool.co.uk, Di./Mi. 19–2, Do. 19–4, Fr. 19–5, Sa. 19–6 Uhr. Einer der ältesten Klubs der Stadt. Häufig Livekonzerte, sonst legen DJs auf: Funk, Soul und R'n'B. Auch Salsa- und Merengue-Kurse!

● **74** [L11] **The Zanzibar Club**, 43 Seel Street, Liverpool L1 4AZ, Tel. 0151 7070633, www.thezanzibarclub.com, Do.–Sa. 19.30–24 Uhr. Viele lokale Talente haben in dem inzwischen in die Jahre gekommenen Underground-Klub erstmals ein größeres Publikum gefunden, Gruppen wie The Corals oder The Zutons, die hier erste Auftritte hatten.

## Kino

🎬 **75** [J11] **Odeon**, Liverpool One, 14 Paradise Street, Liverpool L1 8JF, Tel. 0871 2244007. Großes Kino Kinozentrum mit mehr als einem Dutzend Sälen.

🎬 **76** [L11] **Picturehouse @ FACT**, 88 Wood Street, Liverpool L1 4DQ, Tel. 0871 7042063. Experimental- und Szene-Kino in der Innenstadt, hat oft auch Mainstream-Filme im Programm.

## Theater und Konzerte

Liverpools Theater können sich sehen lassen und hier machten Schauspieler wie Rex Harrison, Rita Tushingham oder Jimmy McGovern Karriere.

**Playhouse** und das für umgerechnet rund 30 Millionen Euro rundum erneuerte **Everyman Theatre** stehen für Inszenierungen von Rang, die immer wieder mit Preisen bedacht wurden. Und auch auf Tourneen sind Liverpooler Inszenierungen geschätzt. Den beiden Bühnen kommen nicht nur ihr Erfahrungsschatz zugute, sondern auch die künstlerische Kraft der Universitätsmetropole, die immer wieder neue Autoren hervorbringt.

Neben den beiden großen Bühnen sorgen auch ein paar kleinere für abendliche Abwechslung, Theater, die ihr Programm zum Teil ganz auf Studenten eingestellt haben. So wie das **Unity Theatre**, das häufig neue Talente aus dem Liverpool Institute for Performing Arts (LIPA) präsentiert.

Mit Musicals, Popkonzerten und populärem Boulevard-Theater glänzt das **Epstein Theatre**, das auch zu Weihnachten spezielle Aufführungen im Programm hat. Comedy vom Feinsten ist im **Royal Court Theatre** zu Hause. Und auch im **Slaughter House** wird Stand-Up-Comedy groß geschrieben.

Mehr und mehr in Mode kommen auch Theaterinszenierungen an ungewohnten Spielorten, in alten Werften oder Tunnelanlagen. So gehören Theaterspektakel im **Williamson Tunnel Heritage Center** – einem weitverzweigten unterirdischen System, das der exzentrische Tabak-Millionär Joseph Williamson im 19. Jh. anlegen ließ – zu den besonderen Tipps der Theatergänger im Sommer.

Inzwischen verfügt Liverpool auch über eine große Mehrzweckhalle. Mit gut 10.000 Sitzplätzen ist die **Echo Arena Liverpool** der richtige Rahmen für die Auftritte der ganz Großen im Showgeschäft, die um die Stadt früher oft einen Bogen gemacht haben. Aber auch Sportler und Artisten sowie Musical-, Theater- und Operngrößen machen hier inzwischen durchaus gern Station.

Nostalgisch präsentiert sich das **Empire Theatre** mit seinen 2400 Samtsitzen und Brokatvorhängen – Liverpools Traditionsbühne, die sich gern mit Londons Royal Albert Hall vergleicht.

Gründlich renoviert zeigt sich die ehemalige Methodistenkirche in der Renshaw Street, wo mit **The Dome Grand Central Hall** ein viktorianisch anmutender Konzert- und Theatersaal mit bis zu 1000 Sitzplätzen und einer riesigen Konzertorgel entstanden ist. **Olympia** heißt ein alter Ballsaal im Norden der Stadt, der heute vorwiegend als Boxarena und als Kulisse für Misswahlen dient.

Musik aller Art wird im Capstone Theatre im Universitätsviertel ge-pflegt. In dem kleinen Haus mit seinen 250 Sitzplätzen ist außerdem das International Jazz Festival Liverpool (s. S. 88) zu Hause.

Großes Renommee genießt die **Philharmonic Hall** ⑲, die Heimstatt des Royal Liverpool Philharmonic Orchestra. Und Kammermusiker sind besonders gern im kleinen Konzertsaal der St. George's Hall zu Gast, deren Akustik sie zu schätzen wissen.

⟳**78** [M9] **Capstone Theatre**, Hope University, 17 Shaw Street, Tel. 0151 2913578, www.thecapstonetheatre.com

⟳**79** [I12] **Echo Arena Liverpool**, 16 Monarchs Quay, Tel. 08448000400, www.echoarena.com

⟳**80** [L10] **Empire Theatre**, Lime Street, http://twitter.com/liverpoolempire, Tel. 0151 7083200

⟳**81** [K11] **Epstein Theatre**, Hanover House, 85 Hanover Street, www.epsteinliverpool.co.uk

⟳**82** [M11] **Everyman Theatre**, 13 Hope Street, Tel. 0151 7094776, www.everymanplayhouse.com

⟳**83** [K10] **Liverpool Playhouse Theatre**, Williamson Square, Tel. 0151 7094776, www.everymanplayhouse.com

132|p Abb.: gs

**Was, wo, wann?**
> www.liverpooltheatres.com –
Online-Führer durch Liverpools
Theaterlandschaft
> movietickets.com – Website zum
Vorbuchen von Kinotickets
> www.ticketquarter.co.uk – Online-
plattform für Konzerttickets
> www.visitliverpool.com/
things-to-do – übersichtlicher und
aktueller Veranstaltungskalender

🔴 [M12] **Liverpool Philharmonic Hall,**
Hope Street, Liverpool L 1 9BP, Tel.
0151 7093789, www.liverpoolphil.com
⭕84 [L10] **O2Academy,** 11–13 Hotham
Street, Liverpool L3 5UF, Tel. 0151
7073200, https://academymusic
group.com/o2academyliverpool
⭕85 [O8] **Olympia,** West Derby Road,
Tel. 0151 2636633, www.liverpool
olympia.com
⭕86 [K10] **Royal Court Theatre,**
1 Roe Street, Tel. 0151 7094321,
www.royalcourtliverpool.co.uk
🔴 [K10] **St. George's Hall Small Concert
Room,** William Brown Street, Tel. 0151
7093789, www.liverpoolphil.com
⭕87 [L11] **The Dome Grand
Central Hall,** 35–45 Renshaw Street,
Tel. 0151 3453940
⭕88 [I10] **The Slaughter House,**
13–15 Fenwick Street, Tel. 0151
2275946, www.laughterhousecomedy.
com
⭕89 [M12] **Unity Theatre,** 1 Hope Place,
Liverpool, Tel. 0151 7094988,
www.unitytheatreliverpool.co.uk

◁ *Das Everyman Theater in der
Hope Street gilt als architektonisches
Juwel*

# Liverpool für Kauflustige

*Shop 'till you drop? Einkaufen bis zum Umfallen? Kein Problem in Liverpool, das neben London inzwischen die vielleicht wichtigste Einkaufsstadt Englands ist. Milliarden Pfund werden in der Stadt inzwischen umgesetzt, was Liverpool vor allem dem riesigen Einkaufszentrum Liverpool One* 🔵, *einem 28 Fußballfelder großen Areal mit Läden, Hotelanlagen und Freizeitzentren, Cafés, Kinos, Bars und Restaurants, verdankt. Knapp 30 Millionen Besucher zählt die Ladenstadt jährlich, in der sich an manchen Tagen fast 100.000 Besucher drängen. Heute ist der Einkaufskomplex in Fußweite zum Mersey-Fluss Großbritanniens populärste Shoppingadresse, wie jüngst eine neue Umfrage ergab.*

Während die meisten Geschäfte früher ab 17 Uhr geschlossen hatten und die Innenstadt dann mehr oder minder verwaist war, wird jetzt bis in die Abendstunden geshoppt. Alle wichtigen Geschäfte, große Warenhäuser und kleine Boutiquen finden sich mitten in der Stadt. Alle **britischen Kaufhäuser** – von Marks & Spencer bis Debenhams oder John Lewis – haben hier ihre Filialen. Große Warenhäuser, die auf mehreren Stockwerken alles anbieten, was das Herz begehrt.

**Liverpool One** 🔵 ist ein eigenes Stadtviertel mit Straßen und künstlichen Parkanlagen, Shops und großen Kaufhäusern, Hotels, Kinos, Freizeitzentren, Restaurants, Cafés – und 3000 Parkplätzen. Hier findet sich eigentlich alles, was der Shoppingsüchtige sucht: Klamottenläden für jeden Geschmack und Geldbeutel, Schuh-

## Öffnungszeiten

Feste Ladenschlusszeiten kennen auch die Engländer längst nicht mehr, Angebot und Nachfrage regeln den Markt. Gewöhnlich haben die **Läden in der Innenstadt** werktags zwischen 9.30 und 20 Uhr geöffnet. Das bedeutet aber auch, dass viele Geschäfte früher öffnen und später schließen. Einige **Lebensmittelketten** haben bis spät in die Nacht geöffnet, ganz wenige rund um die Uhr. Allerdings soll ab 23 Uhr kein Alkohol mehr verkauft werden. Ihre eigenen Ladenschlusszeiten haben auch die **kleinen Läden** der Immigrantenfamilien, die sich ganz ihrer Kundschaft angepasst haben.

**Samstags** sind die Geschäfte in der Regel von 9 bis 19 Uhr geöffnet, **sonn- und feiertags** von 11 bis 17 Uhr. Einmal in der Woche, meist donnerstags, haben viele Geschäfte abends länger auf. Auch in den Tagen vor Weihnachten oder Ostern werden die Ladenschlusszeiten gewöhnlich verlängert. Fallen Weihnachten oder Neujahr auf ein Wochenende, ist der folgende Werktag arbeitsfrei.

geschäfte und Trendboutiquen. Und damit beim Shoppen keine Langeweile aufkommt, laden Cafés und Restaurants zum Zwischenstopp. Mit „Central Village" ist im Stadtkern zudem ein weiteres Einkaufszentrum mit Kino, Büros, Restaurants und Cafés in der Entstehung, das durch Firmenpleiten und den Rückzug einiger Investoren allerdings nur schleppend vorankommt.

Gleich fünf ältere Shoppingcenter, zwei Kaufhäuser und über 400 Ladengeschäfte in der Innenstadt haben sich unter dem Markennamen CityCentral zusammengetan, um den neuen Shopping-Hotspots Paroli zu bieten. Früher nämlich war die Gegend um den Williamson Square das Herz der Einkaufsbummler.

Zu den klassischen Liverpooler Einkaufsstrassen gehört die **Bold Street** [K/L11], in der vor allem Shopping-Individualisten auf ihre Kosten kommen, also alle, die in kleinen Geschenklädchen nach trendigen Souvenirs suchen oder in den Vintageläden nach Herzenslust stöbern wollen. Geschäftiger geht es in der anschließenden **Church Street** und der **Lord Street** [J11] zu, in denen viele Modeketten zu Hause sind, und im **Met Quarter**, wo Markenartikler ihre Boutiquen haben, zählt Eleganz.

Typische **Liverpool-Souvenirs** gibt es wenige, vielleicht ein Beatles-T-Shirt oder ein Trikot der Liverpooler Kicker. Die passenden Fan-Shops finden sich nicht nur im Einkaufszentrum Liverpool One ⓯, sondern auch anderswo in der Stadt. Viele schöne Geschenke halten die Museumsshops bereit. So gibt es in den beiden Kathedralen CDs mit Aufnahmen der großen Liverpooler Kirchenchöre, im Beatles-Museum alte Aufnahmen der Fab Four. Wer Sinn für Kunst hat oder einfach etwas Ausgefallenes sucht, wird hier sicher fündig. Wer kunsthandwerkliche Qualität sucht, ist im **Bluecoat Arts Centre** ⓮ und seiner unmittelbaren Umgebung richtig.

Vergessen Sie aber bitte nicht: England ist **kein günstiges Einkaufsland.** Die Auswahl ist allerdings groß und das Angebot an modischem Zubehör mehr als umfangreich. Es bleibt die Frage, ob nach dem **Brexit** auch Deutsche und Österreicher wie die Schweizer sich die 20 % Mehrwertsteuer zurückerstatten lassen können. Wenn ja, würde das den Einkauf in Liverpool sicher noch attraktiver machen.

## Einkaufszentren

🛍**90** [K10] **Clayton Square Shopping Centre,** Great Charlotte Street, Liverpool L1 1QR, Tel. 0151 7094560, www.claytonsquare.co.uk, Mo.–Sa. 8.15–19 Uhr, So. 10–17 Uhr. Kleines Laden-Städtchen in der Stadtmitte.

🛍**91** [L11] **Grand Central Hall,** 35 Renshaw Street, Liverpool L1 2SF, Tel. 0151 7092074, Mo.–Sa. 10–17.30, So. 12–16.30 Uhr. Alternatives Shoppingcenter mit kleinen Läden – vor allem für Gothic-Fans und Freunde von Vintage-Klamotten.

🔴 [J11] **Liverpool One.** 5 Wall Street (Büroadresse), L1 8JQ Liverpool, Tel. 0151 2323100, www.liverpoolone.com, Mo.–Fr. 9.30–20, Sa. 9–19, So. 11–17 Uhr. Liverpools größtes Einkaufszentrum.

🛍**92** [K10] **St. John's Shopping Centre,** St. George's Way, Liverpool L1 1LY,

Tel. 0151 7090916, www.stjohns-shopping.co.uk, Mo.–Sa. 9–19, So. 11–17 Uhr. Rund 100 Geschäfte sind hier vereint. Die Liverpudlians schätzen das Zentrum vor allem wegen der vielen Fast-Food-Restaurants.

🛍**93** [J10] **Metquarter,** 43 Whitechapel, Liverpool L1 6DA, Tel. 0151 2242390, www.metquarter.com, Mo.–Sa. 9.30–18, So. 11–17 Uhr. Durchgestyltes Einkaufsquartier mit Ruhezonen.

*▱ Liverpool One🔴 ist eines der größten britischen Einkaufszentren*

### Shoppingareale
Die wichtigsten Shoppingbereiche der Stadt sind im Kartenmaterial mit einer rötlichen Fläche markiert.

## Vinyl-Paradies

Tausende von alten und neuen Schallplatten finden sich in diesem Laden im ersten Stock des legendären Jacaranda Clubs, in dem auch die Beatles gern zu Gast waren. Bier und Kaffee verschönern die Zeit in diesem Zentrum des Liverpooler Musiklebens. Wer will, kann hier gleich auch mit Hilfe eines Voice-o-Graphen seine eigene Platte einspielen.

**100** [L11] **Jacaranda Records,** 21–23 Slater Street, Liverpool L1 4BW, Tel. 0151 7091400, Mo.–Do. 13–22, Fr./Sa. 11–2, So. 11–22 Uhr

## Ausgefallene Einkaufsideen

**94** [K11] **Bluecoat Display Center,** Eingang 50 College Lane, Liverpool L1 3B2, www.bluecoatdisplaycenter.com, Mo.–Sa. 10–17.30, So. 12–17 Uhr. Ausgesuchte Kunsthandwerksarbeiten von über 350 meist britischen Künstlern. Viel Glas und Keramik, kein Kitsch!

**95** [L11] **News From Nowhere,** 96 Bold Street, Liverpool L1 4DN, Tel. 0151 7087270, www.newsfromnowhere.org.uk, Mo.–Sa. 10–17.45, So. 11–17 Uhr. Der angeblich beste Independent-Buchladen Nordenglands.

**96** [L11] **Oxfam Liverpool,** 35–37 Bold Street, Liverpool L1 4DN, Tel. 0151 7096739, www.oxfam.org.uk, Mo.–Sa. 10–18, So. 11–17 Uhr. Liverpooler Zweigstelle des internationalen Secondhandladens, dessen Erlöse Notleidenden zugutekommen.

**97** [K11] **Probe Records,** 1 The Bluecoat, School Lane, Liverpool L1 3BX, Tel. 0151 7088815, Mo.–Sa. 10–18, So. 12.30–16.30 Uhr. Alteingesessener Plattenladen mit neuen und gebrauchten Scheiben. Fachkundiges Personal, zu dem einst auch Musiker wie Paul Rutherford (Frankie goes to Hollywood) gehörten.

**98** [J10] **The Beatles Shop,** 31 Mathew Street, Liverpool L2 6RE, Tel. 0151 2368066, www.thebeatleshop.co.uk, Mo.–Fr. 9.30–17.30, Sa. 9–18, So. 10.30–16 Uhr. Ausgefallene Beatles-Souvenirs für jeden Geschmack und Geldbeutel.

**99** [J9] **Wedding Dress Outlet,** Beetham House 59–61, Tinthebarn Street, Liverpool L2 2SB, Tel. 0151 2368866, www.bridalfactoryoutlets.co.uk/liverpool,

◁ *Die denkmalgeschützte Grand Central Hall (s. S. 79) ist von historischem Interesse und zugleich Hort kleiner alternativer Läden*

016lp Abb.: gs

Mo.–Sa. 10–17, So. 11–16 Uhr. Ein Outlet für alle, die für ihre festlichsten Anlässe weniger ausgeben wollen.

🔒 **101** [I10] **Whiskey Business,** The Old Ropery, Fenwick Street, www.whisky businessliverpool.co.uk, Di.–Fr. 10–18, Sa. 12–17 Uhr. Ein Paradies für Whiskey-Freunde. Angesichts der vielen Sorten bleibt immer die Qual der Wahl!

## Märkte

Wie jede Großstadt hat auch Liverpool ein paar kleinere Märkte, auf denen die Bauern der Umgebung ihre Waren anbieten. Außerdem gibt es im Dezember einen großen Weihnachtsmarkt in der Innenstadt.

🔒 **102** [Q16] **Lark Lane Market,** 4. Samstag im Monat, Ort: Lark Lane, Aigburth

🔒 **103** [N10] **University Square Market,** 2. Donnerstag im Monat. Ort: Brownlow Hill und Peach Street

🔒 **104** [e18] **Woolton Village Farmers Market,** 2. Samstag im Monat, Ort: Allerton Road, Woolton

## Originalton

*„Liverpool ist noch immer eine junge Stadt und hat wahrscheinlich noch nicht alle Standortvorteile genutzt. Von allen großen Städten in der Welt gibt es keine, die so ausschließlich auf Handel ausgerichtet ist. Jedes Haus in Liverpool ist entweder eine Buchhaltung, ein Warenhaus, ein Geschäft oder ein Haus, in dem so oder so mit irgendetwas gehandelt wird".*

*Deutscher Liverpool-Besucher in den frühen 1840er-Jahren*

# Liverpool zum Träumen und Entspannen

*Über 2500 Hektar Parkgelände schmücken die Stadt: fast 50 Parks, Gärten und Landsitze – Anlagen, die früher zu einem Großteil in Privatbesitz waren. Ein paar Grünflächen finden sich direkt im Stadtzentrum, die meisten aber ein paar Busminuten außerhalb der City. Liverpools grüne Lungen sind noch heute vor allem im Sommer beliebte Plätze zum Träumen und Entspannen.*

Schon 1767 wurde Liverpools erster öffentlicher Park mit dem „Mount Zion" geschaffen, wo heute die anglikanische Kathedrale 🔟 steht. Das Herz des Parks war ein Rundweg mit Blick auf den Mersey, eine Oase der Ruhe weit weg vom damals geschäftigen Hafenviertel. Im frühen 19. Jahrhundert forcierten Privatleute die Errichtung weiterer Grünanlagen. Aber erst in der zweiten Hälfte des 19. Jahrhunderts wurden die großen viktorianischen Parks errichtet, die Liverpool bis heute prägen. Mit dem **Wavertree Botanic Garden** und anderen Grünflächen kamen dank großzügiger Grundstücksschenkungen und Stiftungen neue Flächen hinzu.

Ein großer Garten umgibt auch **Speke Hall,** eines der beliebtesten Ausflugsziele vor den Toren der Innenstadt. Im Mittelpunkt des Areals, zu dem auch eine Farm gehört, steht ein anno 1530 erbautes Tudor-Haus mit reich dekoriertem Fachwerk. Einige Zimmer sind noch wie damals üblich möbliert, in anderen überwiegt der viktorianische Stil.

Ein altes Herrenhaus dominiert auch eine andere Liverpooler Ausflugsstätte, **Croxteth Hall and Country Park,** knapp zehn Kilometer vom

Stadtzentrum entfernt und als Filmkulisse sehr begehrt. Ein riesiges Gelände mit Bäumen, Flüssen, Teichen, Gärten und Wiesen, das jährlich Zehntausende von Besuchern anlockt. Für sie organisiert die Gartenverwaltung Jahr für Jahr ein buntes Sommerprogramm: Musik- und Tanzveranstaltungen, aber auch Seminare, in denen man die Natur besser kennenlernen kann. Neuste Attraktion ist ein kleiner Kletterpark. Croxteth Hall and Country Park gehörten einst den Grafen von Sefton, die hier vom 16. Jahrhundert an zu Hause waren und ihren Besitz 1972 der Stadt vermachten.

Noch immer ein Blickfang dieser Anlage ist die *Historic Hall,* ein großes Landhaus aus edwardianischer Zeit. Gelegentlich führen Spezialisten in zeitgenössischen Kostümen durch die historischen Gemäuer, in denen auch gern Hochzeit gefeiert wird. Hin und wieder finden kleine Kammerkonzerte statt. Kinder fühlen sich auf der Farm des Parks wohler, wo es Lämmchen, Ziegen, Pferde und andere Tiere zum Anfassen gibt.

Wie Croxteth stehen die meisten der alten Grünanlagen heute unter Denkmalschutz. Auch der rund 200 Hektar große **Sefton Park**, den ein Liverpooler Architekt zusammen mit einem Pariser Gartengestalter entwarf. Als „Liverpools Hyde Park" spielte er damals auf sein Londoner Vorbild an, war er doch ebenfalls mit künstlichen Wasserspeiern und Denkmälern ausgestattet. 1896 schenkte ein reicher Bürger dem Sefton Park ein mit vielen exotischen Pflanzen ausgestattetes Palmenhaus. Im Zweiten Weltkrieg verlor dasselbe bei einem Bombenabwurf seine Verglasung, die aber schon bald erneuert wurde. Aber erst 2001 wurde das Palmenhaus nach gründlicher Renovierung wieder für den Publikumsverkehr geöffnet.

Sehenswert ist auch der 1870 eröffnete **Stanley Park** direkt hinter

⌃ *Zwischen den Stadien der großen Liverpooler Fußballklubs liegt der 45 Hektar große Stanley Park*

⌐ *Publikumsmagnet im Sefton Park ist das 1896 erbaute Palmenhaus*

dem legendären Fußballstadion an der Anfield Road . Auch er ist eine viktorianische Gartenlandschaft vom Feinsten und steht heute unter Denkmalschutz. Wichtigste Sehenswürdigkeit des mit Sicherheitskameras überwachten Parks ist das Isla Gladstone Conservatory, ein unter Denkmalschutz stehendes Glashaus, das vom gleichen Architekten wie das berühmte Palmenhaus im Sefton Park stammt. Einladend sind die umgebenden Grünanlagen mit ihren Blumenbeeten. Sein Gegenstück im Süden Liverpools heißt **Calderstones Park** [Z–c17], ein 94 Quadratkilometer großes Gelände samt See. Sein Botanischer Garten beherbergt mehr als 4000 verschiedene Pflanzen. Storybarn heißt das dortige kleine Museum für Kinder.

Zu den wenigen grünen Oasen direkt in der City gehört **St. John's Garden** gleich hinter St. George's Hall ⑨, nur einen Katzensprung neben den geschäftigen Einkaufszentren. „Peace Garden" nennen ihn die Einheimischen deswegen – ein Ort des Friedens und der Ruhe mitten in einer hektischen Umgebung. Die 1904 eröffnete Anlage gehört zudem wegen ihrer vielen Denkmäler zu den Orten von größtem historischen und architektonischen Interesse. Seinen Namen verdankt der Freizeitgarten übrigens der Johanneskirche, die bis 1887 hier stand.

Mit **St. Nicholas Church Gardens** gegenüber dem weltbekannten Liver Building findet sich ein zweiter kleiner Park ebenfalls fast mitten in der City. Viele Liverpudlians nutzen ihn vor allem im Sommer zur Mittagspause und genießen den Blick auf den Mersey. Auch dieser Park diente wie St. John's Garden einst als Friedhof. Die namensgebende Nikolaus- und Marienkirche *(Church of Our Lady and Saint Nicholas)* am Parkrand ist Liverpools ältestes Gotteshaus, das mehrfach zerstört und immer wieder aufgebaut wurde. Seit dem Jahr 1257, heißt es, wurden hier Gottesdienste gefeiert, war die dem Patron der Seefahrer, dem heiligen Nikolaus, gewidmete Kirche Liverpools wichtigstes Gotteshaus. Im Jahr 1810 krachte der

153|p Abb.: gs

Kirchturm während eines Gottesdienstes ein und erschlug 25 Menschen. Schweren Schaden erlitt die Kirche auch im Zweiten Weltkrieg, an den ein kleines Denkmal vor dem Kirchturm mahnt. Seit 1952 aber steht sie wieder für Gottesdienste zur Verfügung.

● **105** [a1] **Croxteth Hall,** Off Muirhead Avenue East, Liverpool L11 1EH, Tel. 0151 5464662, www.liverpoolcityhalls. co.uk, Park: Sommer 7–19 Uhr, Winter 7–17.30 Uhr (Eintritt frei), Halle: April–September 10.30–17 Uhr, Eintritt: 4 £ (Kinder 3 £), Garten: 1,50 £ (Kinder frei), Kombiticket: 5 £ (Kinder 3 £)

● **106** [S16] **Sefton Park and Palmhouse,** Liverpool L17 1AP, Tel. 0151 7262415, www.palmhouse.org.uk, Park: 24 Stunden täglich geöffnet (Eintritt frei), Palmenhaus: gewöhnlich 10–13 Uhr, wenn nicht eine Veranstaltung ist. Bahnstation: Aigburth

● **107 Speke Hall,** The Walk, Liverpool L 24 1XD, www.nationaltrust.org.uk, Tel. 0151 4277231, März–Oktober Mi.–So. 12.30–17 Uhr, Eintritt: 10,90 £ (Kinder: 5,45 £, Familien: 27,27 £), Gartenanlagen sind meist auch im Winter geöff-net (10.30–16 Uhr), Anreise: Bus 82a ab Liverpool One, Bahnstation: Liverpool South Parkway oder Hunts Cross.

● **108** [O3] **Stanley Park,** Bahnstation: Kirkdale. Park nahe der Anfield Road. Historisch interessant ist das Gelände, weil hier die ersten Fußballer Liverpools kickten, die schließlich den Everton FC gründeten. Öffnungszeiten: 9.30–21.30 Uhr.

● **109** [K10] **St. John's Garden.** Immer zugängliche Parkanlage hinter der St.George's Hall mit Gedenksteinen und Plaketten, die an Kriegshelden erinnern.

● **110** [I10] **St. Nicholas Church Gardens.** Nur tagsüber geöffneter Minipark gegenüber dem Liver Building. Begehrter Platz zum Picknick in der Mittagspause!

● **111** [R10] **Wavertree Botanic Garden,** Wellington Road, Bahnstation: Edge Hill. Botanische Anlage, die allerdings etwas in die Jahre gekommen ist. Hin und wieder Schauplatz von Folkfestivals und anderen Freiluftveranstaltungen. Der Garten ist tagsüber immer geöffnet.

▽ *Auf ins Vergnügen:*
*Wasserspiele im Sefton Park*

027/p Abb.: gs

# Zur richtigen Zeit am richtigen Ort

*Feste feiern, das kann man am Mersey. Kein Sommerwochenende, an dem nicht irgendwo ein Festival über die Bühne geht oder sonst ein sportliches oder kulturelles Ereignis lockt.*

Musik und Theater, Spiel und Tanz, Kino und Comedy, Karneval und Party, Botanik-Shows und Parkfeste, Laternen- und Maskenumzüge, Schiffsparaden und großes Feuerwerk – da ist für jeden etwas im Angebot. Zudem gibt es **viele Events zum Nulltarif**, finanziert von öffentlichen und privaten Sponsoren.

## Frühjahr

> **The Grand National:** Seit 1836 liefert der Welt populärstes Hindernisrennen für Pferde Gesprächsstoff. Die Arena liegt in Aintree vor den Toren Liverpools, die Wetteinsätze sind gigantisch (April, http://aintree.thejockeyclub.co.uk).

> **Southport International Jazz Festival:** Rund 100 Konzerte im benachbarten Southport bieten Jazz, Blues und Soul vom Feinsten. Viele Veranstaltungen sind gratis (Mai, www.visitsouthport.com).

> **Liverpool Sound City:** dreitägiges Musikfestival in den Docklands mit zahllosen Konzerten (Mai, www.liverpoolsoundcity.co.uk)

> **Light Night Liverpool:** Einmal jährlich öffnen die Museen und Galerien bis spät in die Nacht (Mai, www.visitliverpool.com).

> **Liverpool Arab Arts Festival:** Liverpools große jemenitische Gemeinde gibt Einblick in arabische Kunst und Kultur, in Musik, Tanz, Film und Architektur (Juni, www.arabartsfestival.com).

⌂ *Bei so manchem Stadtfest lassen die Liverpooler ihre maritime Vergangenheit gern neu aufleben*

136/p Abb.: gs

⌂ *Livemusik gehört zu jedem großen Fest. Besonders gefeiert werden Lokalmatadoren wie Gerry Marsden mit seinen „Pacemakers".*

## Landesweite Feiertage

> 1. Januar, Neujahrstag –
> *New Year's Day*
> Karfreitag – *Good Friday*
> Ostermontag – *Easter Monday*
> Maifeiertag (erster Montag im Mai)
> – *Labour Day*
> Frühlingsfeiertag (letzter Montag
> im Mai) – *Spring Bank Holiday*
> Sommerfeiertag (letzter Montag im
> August) – *Summer Bank Holiday*
> Erster Weihnachtsfeiertag –
> *Christmas Day*
> Zweiter Weihnachtsfeiertag –
> *Boxing Day*

## Sommer

> **Africa Oye:** Kaum ein anderes Festival in England präsentiert mehr afrikanische, karibische und südamerikanische Musik als das Africa Oye mit Freiluftkonzerten im Sefton Park (Juni, www.africaoye.com).
> **Mersey River Festival:** Rund um die Dockanlagen finden Freiluftkonzerte und Präsentationen großer und kleiner Schiffe statt (Mai/Juni, www.visitliverpool.com).
> **Biennale Liverpool:** Alle zwei Jahre (2018, 2020 ...) lädt Liverpool zu seiner Biennale, der größten zeitgenössischen Kunstschau Nordenglands (Juli–Okt. www.biennial.com).
> **Creamfields:** Zehntausende von Discogängern haben den Festtermin längst rot angestrichen. Englands beliebtesten Freilufttanz genießen inzwischen Fans

▷ *Africa Oye Festival, eine von vielen Kulturveranstaltungen im Jahr*

aus aller Welt (August, www.creamfields. com).

› **Liverpool Pride:** Bis zu 50.000 Teilnehmer zählt das eintägige Schwulen- und Lesbenfest (August, www.liverpoolpride. co.uk).

› **Liverpool International Music Festival:** Das Festival hat die Nachfolge des wegen immenser Sicherheitskosten nicht mehr finanzierbaren Matthew Street Festivals angetreten und bietet kostenlose Freiluftkonzerte auf verschiedenen Bühnen (August, www.limfestival.com).

› **Southport Flower Show:** Fast 100.000 Besucher kommen jährlich zu einer der ältesten englischen Blumenausstellungen ins benachbarte Southport (August, www.southportflowershow.co.uk).

› **International BeatleWeek:** Ende August feiert Liverpool traditionell seine berühmtesten Söhne mit Konzerten, Video-Shows, Vorträgen und dem Verkauf von Beatles-Erinnerungsstücken (August, www.cavernclub.org).

## Herbst

› **Southport Airshow and Military Display:** Fluggeräte aller Art – vom Hubschrauber bis zum Kampfbomber – locken Zehntausende an die Strandpromenade (Sept., www.visitsouthport.com).

## Oktober

› **Liverpool Irish Festival:** Mit dem noch jungen Festival tragen die Veranstalter dem Traditionsbewusstsein der irischstämmigen Bevölkerung in Merseyside Rechnung (Okt. www.liverpoolirishfestival.com).

› **Liverpool Comedy Festival:** Von Stand-up-Comedy bis zum komödiantischen Theater versuchen alte und neue Talente, Liverpool zum Lachen zu bringen (Sept./Okt., www.liverpoolcomedyfestival.com).

O11p Abb.: gs

012|p Abb.: gs

## Winter

> **River of Light:** Mit einem riesigen Feuerwerk und Lichterspektakel zelebriert man am Mersey den Guy Fawkes Day, den Tag des vereitelten „Gunpowder Plot". Der Katholik Fawkes und seine Mitstreiter hatten am 5. November 1605 versucht, das Britische Parlament samt dem anwesenden König in die Luft zu sprengen, aus Rache, da James I. die katholische Bevölkerung unterdrückte (Anfang Nov., www.visitliverpool.com).

> **International Guitar Festival:** Auf der Halbinsel Wirral treffen sich Gitarristen von Weltrang. Zum Programm gehören spanischer Flamenco ebenso wie amerikanische Country-Musik (Nov., www.bestguitarfest.com).

> **Liverpool Music Week:** Eine Woche lang geben Liverpooler Musiker einen Einblick in die örtliche Musikszene (Nov., www.liverpoolmusicweek.com).

> **Chinese New Year:** Mit Feuerwerk, Spiel und Mummenschanz startet Liverpools chinesische Gemeinde ins Neue Jahr (Jan./Feb., www.visitliverpool.com).

> **International Jazz Festival Liverpool:** jährliches Treffen internationaler Jazzgrößen im Capstone Theatre (Feb./März, www.thecapstonetheatre.com)

◁ *Gerade im Winter zelebriert Liverpool seine Feste mit viel Feuerwerk*

# LIVERPOOL VERSTEHEN

# Das Antlitz der Stadt

Liverpool gehört zu den britischen Städten, die nach Jahren des wirtschaftlichen Abstiegs mit Entschlossenheit und Ideenreichtum wieder nach oben gekommen sind. Umgerechnet viele Milliarden Euro wurden in den letzten Jahren in die Stadtentwicklung investiert, in neue Museen, Theater und Einkaufszentren, vor allem aber in die Neugestaltung des maritimen Erbes, das sich im neuen Kai für die weltgrößten Kreuzfahrtschiffe und einem der größten Containerhäfen Europas zeigt.

Fast unbemerkt von der Öffentlichkeit, die Liverpool schon weitgehend abgeschrieben hatte, hat sich die graue Hafenstadt am Mersey zur bunten Kultur- und Einkaufsmetropole gemausert. Aus dem einstigen Armenhaus im englischen Nordwesten ist eine Stadt mit Perspektiven geworden. Dieser Aufschwung zeigt

◁ *Vorseite: Am Pier Head erinnert ein Denkmal an König Eduard VII. (1841–1910)*

sich auch im Stadtbild. So dominieren mittlerweile Hochhäuser und moderne Bürobauten die Uferfront, Geschäfte und Einkaufszentren die Innenstadt. Zum Unmut der Denkmalschützer, die um die Aberkennung des Weltkulturerbe-Siegels fürchten.

## Eine Stadt im Umbruch

Grenzenlos ist der **Optimismus,** dem sich die politischen und wirtschaftlichen Lenker der Region Merseyside hingeben. Nach Jahrzehnten des Niedergangs, nach politischen Querelen ohne Beispiel, gesellschaftsbedrohender Arbeitslosigkeit und einer Hiobsbotschaft nach der anderen, die den Ruf Liverpools weltweit ruinierten, macht die Stadt jetzt häufig mit positiven Schlagzeilen von sich reden.

Kommunale und private Entwicklungsgesellschaften, beseelt von Zuschüssen der Europäischen Union, haben eine Reihe **ehrgeiziger Millionenprojekte** vorangetrieben. Zwar wird man zur Megakapitale London nie aufschließen können, aber der Status als Großbritanniens Nummer

zwei oder drei wäre auch schon ein Achtungserfolg.

Liverpool ist heute nicht mehr die Hafen- und Arbeiterstadt von einst, die fast unregierbare Kommune, deren aufsässige Bewohner immer wieder blutige Krawalle anzettelten. Merseyside ist auch nicht mehr die Region, der Zehntausende mangels Arbeit und Perspektiven den Rücken kehrten. Inzwischen registrieren nicht nur die Statistiker, dass **mehr und mehr Menschen wieder Richtung Liverpool zuwandern.**

Geschichte sind die oft monatelangen Streiks, die früher das öffentliche Leben immer wieder lähmten; vorbei die aus Irland überschwappenden blutigen Glaubenskämpfe zwischen Katholiken und Protestanten, Vergangenheit auch die Rassenunruhen, die noch Anfang der 1980er-Jahre England erschütterten. Das neue Liverpool ist eine Kapitale der Kunst, Kultur und Wissenschaft – und auch eine der größten britischen Universitätsstädte: **Mehr als 50.000 Studenten** geben der Stadt ein junges Gesicht.

Gigantische Summen an Fördermitteln, Spenden und öffentlichen

**KURZ & KNAPP**

**Die Stadt in Zahlen**
> **Gegründet:** 1207
> **Stadtrecht:** 1880
> **Einwohner:** ca. 490.000
> **Fläche:** 112 km²

Geldern hat man in die Renovierung großer Museen wie dem World Museum Liverpool **10** gesteckt oder in die Neugestaltung der ehemaligen Dockanlagen. Umgerechnet fast 100 Millionen Euro wurden in Bau und Ausstattung des **Museum of Liverpool 3** investiert, das die Geschichte der Stadt und ihrer Menschen dokumentiert.

Auch als **Hafenstadt** kann sich Liverpool wieder sehen lassen. Am **Pier Head 4** legen längst wieder die größten Kreuzfahrtschiffe der Welt wie die Queen Elizabeth an – unabhängig von Ebbe und Flut.

▽ *Liverpools Skyline: Zeichen des Aufschwungs nach Jahren des wirtschaftlichen Niedergangs*

066lp Abb.: gs

Viele hundert Millionen Pfund wurden auch in den Ausbau des neuen Container-Hafens **Liverpool2** gesteckt, wo modernste Riesenkräne die größten Ozeanriesen der Welt entladen. Bis zum Ende des Jahrzehnts sollen die Hafenanlagen noch erweitert werden, in denen täglich Waren für 48 Güterzüge und zahllose Lkws umgeschlagen werden.

## Tourismus als Jobmotor

Mit dem **Konferenzzentrum** verfügt die Stadt über eine der modernsten und schönstgelegenen Tagungsstätten Europas und mit der gut 10.000 Plätze umfassenden angrenzenden Mehrzweck-Arena gleich neben dem Albert Dock ❶ über eine Veranstaltungshalle von Weltrang. Dazu kommen viele weitere kleinere Theater- und Konzertsäle.

Längst ist der **Tourismus zu einem der wichtigsten Wachstumsmotoren** in Englands Nordwesten geworden. Mehr als 60 Millionen Tagesgäste zählte man zuletzt, von denen fast fünf Millionen auch über Nacht blieben. Gut 50.000 Arbeitsplätze in der Region, die zuletzt Einnahmen von jährlich fast vier Millarden Pfund generierten, hängen schon jetzt vom Tourismus ab. Viele Tausend weitere sollen dazukommen.

Dieses Wachstum spiegeln große und feine Herbergen überall in der Stadt wider. So wie in und um die Dale Street, wo Konzerne wie Accor, Hilton oder Marriott neue Hotelkon-

*⌂ Einst das Tor zur Welt, locken die historischen Segelschiffe heute die Welt nach Liverpool! Im Hintergrund erkennt man die Tate Gallery.*

zepte erproben und modern ausgestattete Zimmer in alten, vom Welterbe geschützten Bauten anbieten. Kein Wunder, dass die meisten Innenstadthotels vor allem am Wochenende zu fast 90 % ausgelastet sind – mehr als in vergleichbaren britischen Großstädten.

Neben Kunst, Kultur und Nightlife suchen Besucher aber auch Einkaufsgelegenheiten. Rund 20.000 Läden und Kaufhäuser gibt es rund um den Mersey und längst ist Liverpool auch zum **Mekka der Shopper** geworden. Ihnen zuliebe öffnen die meisten großen Geschäfte heute auch sonntags und die Innenstadt platzt nachmittags dann oft aus allen Nähten.

# Von den Anfängen bis zur Gegenwart

*Als schlammiger Pfuhl machte „Liuerpol" erstmals von sich reden, eine von mehreren Siedlungen in Englands Nordwesten. „Liuerpol" war der Name für eine Ausbuchtung des Flusses Mersey, an dessen Ufer ein paar Familien siedelten. Keiner freilich konnte damals ahnen, dass aus der mittelalterlichen Siedlung einmal Englands wichtigste Hafenstadt werden sollte, Europas größtes Tor zur neuen Welt.*

## Der Aufstieg zur Handelsmetropole

Gleich gegenüber dem Albert Dock, siedelten die ersten Liverpudlians. Der erste, der diese Lage richtig zu schätzen wusste, war König Johann (reg. 1199–1216). „Johann Ohneland" nannte man ihn auch, weil er einen Großteil des englischen Besitzes in Frankreich nach dort verlore-

nen Schlachten abtreten musste. Anfang des 13. Jahrhunderts suchte der in Oxford geborene Sohn Heinrichs II. nach einem sicheren Stützpunkt für seine in Wales und Irland operierenden Truppen. Am 28. August 1207 legte er mit einer **Charta** offiziell den Grundstein zur Gründung Liverpools. (Diesen Akt verherrlicht ein Wandfresko in der Eingangshalle des Rathauses noch heute.) Sieben Straßen wurden angelegt – und eine Burg errichtet, die anno 1726 im Rahmen der Stadterweiterung abgerissen wurde.

Jahrhundertelang lebten die Menschen in der kleinen Siedlung vom Fischfang, dem Handwerk und der Landwirtschaft. **Nicht mehr als ein Marktflecken** war die Stadt, die mit Birkenhead auf der anderen Seite des Mersey mit einer Fähre verbunden war, kleinen Schiffe, die je nach Wasserstand und Wetterlage verkehrten. Seuchen wie die Pest setzten den wenigen Hundert Bewohnern Liverpools immer wieder schwer zu. Zudem ächzten die Liverpudlians unter der Last finanzieller Abgaben. Als „arme, hintergekommene Stadt Ihrer Majestät" baten sie 1571 Königin Elisabeth I. um Steuererleichterungen.

Erst im Zeitalter der Tudors reifte Liverpool langsam vom Dorf zur Stadt. 1515 schlug sich der Wandel im Bau der ersten Stadthalle in der Dale Street für alle sichtbar nieder. Langsam **nahm der Schiffsverkehr zu**, steuerte man von Liverpool immer häufiger Ziele in Irland und Wales an. Um das Jahr 1700 war die Zahl der Einwohner auf gut 5000 gestiegen. Jahr für Jahr kamen neue Zuwanderer hinzu, die im Hafen schnell Arbeit fanden. Zeitweise verdingte sich jeder dritte bis vierte Bewohner Liverpools als Matrose.

Zur richtigen Hafenstadt aber wurde Liverpool erst, als seine Reeder weitere Ziele in Europa, Asien, Afrika und Amerika ansteuerten. **Neue Kanäle** nach Manchester und Leeds brachten der Stadt Ende des 18. Jahrhunderts zusätzliche Standortvorteile. Jetzt war es möglich, die im Hinterland produzierten Waren und Rohstoffe weltweit zu verschicken. Schnelle Fahrzeiten und billige Frachtraten machten Liverpools Schiffseigner international bekannt. Den größten Profit aber brachte ihnen der erst im Jahre 1807 offiziell abgeschaffte **Sklavenhandel**, dem die Stadt ein Großteil ihres damaligen Wohlstands verdankte.

Schon Anfang des 19. Jahrhunderts wurden rund 40 % des britischen Welthandels über Liverpool abgewickelt. Die Stadt am Mersey war nun **die neben London wichtigste britische Hafenmetropole.** Und mit dem Handel wuchs auch die Stadt, der Königin Victoria anno 1880 schließlich offiziell die Stadtrechte verlieh. Überall entstanden neue Häuser und Büros, Lagerräume und Handelszentren, kleine und große Geschäfte sowie ein Bahnhof – einer der ersten der Welt –, der Liverpool mit Manchester verband.

Zur ersten großen Belastungsprobe für die Stadt wurden die **Hungerjahre in Irland 1846/1847**, die mindestens 300.000 Iren nach Liverpool fliehen ließen. Zwar wanderte ein Teil weiter nach Amerika aus, Zehntausende aber blieben am Mersey hängen. Aber auch aus anderen Regionen Europas und Afrikas drängte es die Menschen in den Nordwesten Englands. Bis 1931 war die Zahl der Bewohner Liverpools auf rund 850.000 angewachsen – Menschen, für die überall in der Stadt **Massenquartiere** gebaut

wurden. Zumeist waren dies einfachste Häuser, die ein Dach über dem Kopf garantierten, viel mehr aber auch nicht. So entstanden Stadtviertel, die bald zum Sanierungsfall wurden.

Die nächste schwere Zeit kam mit dem **Zweiten Weltkrieg.** Liverpools strategische Lage und die dort stationierten Verteidigungskräfte erhoben die Hafenmetropole zu **einem der wichtigsten Angriffsziele** des Deutschen Reichs. Deutschland wusste, dass die entscheidenden Atlantikschlachten von Liverpool aus gesteuert werden sollten. Das Western Approach Headquarter, wie Liverpools Führungsbunker damals hieß, ist noch heute zu besichtigen.

So kam, was nach militärischer Logik kommen musste: Deutsche Flieger, die im besetzten Frankreich und Belgien starteten, warfen Tausende todbringender Bomben über der Stadt und den Militärzentralen ab und **legten weite Teile Liverpools in Schutt und Asche.** Mindestens 4000 Menschen kamen damals ums Leben, Tausende wurden verletzt, Zehntausende verloren Hab und Gut.

## Neubeginn nach dem Zweiten Weltkrieg

Schnell jedoch kehrte man in Liverpool zur Normalität zurück. Man rückte zusammen, krempelte die Ärmel hoch und packte gemeinsam an. Not und Elend hatten die Liverpudlians erneut zusammengeschweißt. Eine **Gemeinschaft aus vielen Kulturen,** der ideale Nährboden schließlich für eine neue Form von Kultur, die sich Ende der 1950er-Jahre in Liverpool und Umgebung ausbreitete. Am Ende stand ein neuer Musikstil, der anfangs als Mersey-Sound, später dann als Beat um die Welt ging und in den

Beatles seine populärsten Protagonisten fand.

In den 1960er- und 1970er-Jahren wurde im Krieg zerstörter Wohnraum durch mehrgeschossige Sozialwohnungen ersetzt. Siedlungen wie Kirkby gehörten damals zu den am schnellsten wachsenden Stadtvierteln Englands. Dennoch leben im Großraum Liverpool heute mehr Menschen in eigenen Häusern als in anderen britischen Großstädten. Fast die Hälfte der Einwohner sind Besitzer einer Wohnung oder eines Hauses.

Den neuen Aufschwung markierten immer mehr Einkaufszentren, deren Vorbilder amerikanische Shoppingmeilen waren, und der 1971 fertiggestellte, knapp 140 m hohe Turm über dem St. John's Centre, der nach Jahren der Schließung jetzt wieder öffentlich zugänglich ist.

Nach Jahren des Wirtschaftswunders aber traf **Liverpool die weltweite Rezession** schließlich stärker als andere britische Städte. Zehntausende von Arbeitsplätzen verschwanden, zeitweise war die Arbeitslosenquote am Mersey doppelt so hoch wie im Landesdurchschnitt. Erschwerend kam hinzu, dass der Schiffsverkehr nach Amerika durch neue, schnelle und regelmäßige Flugverbindungen in die Vereinigten Staaten mehr und mehr an Bedeutung verlor. Und auch dem Frachthafen Liverpool liefen neue Containerhäfen den Rang ab. Arbeiteten anno 1967 noch 11.500 Menschen in den Docks am Mersey, waren es 1979 noch ganze 5.200.

Auch die Autoindustrie, die man in den 1960er-Jahren mit öffentlichen Zuschüssen in einer Höhe von 65 Millionen Pfund an den Mersey lockte, baute wegen der weltweiten Rezession einen Großteil der Jobs ab. In etwa einem Jahrzehnt machten fast

300 Firmen Pleite, verschwanden allein in der Industrie rund die Hälfte aller Arbeitsplätze. Heute ein Grund dafür, dass in und um Liverpool noch immer mehr Menschen als sonst im Land gewerkschaftlich engagiert sind.

Anfang der 1980er-Jahre geriet Liverpool erneut in eine **tiefe Krise**. Zehntausende von Bürgern bezogen Sozialhilfe, was die Kassen der Stadt strapazierte. Die Regierung in London wurde um Hilfe gebeten, doch die in England damals tonangebenden konservativen Tories hatten für die zum Teil von Trotzkisten kontrollierte Labour-Regierung in Liverpool wenig

◹ *Teil des „Liverpool Blitz"-Denkmals zur Erinnerung an den Zweiten Weltkrieg in den St. Nicholas Church Gardens [110]*

dpa

übrig. **Demonstrationen und Streiks** lähmten so immer wieder das öffentliche Leben am Mersey, bis **Margaret Thatcher** das Stadtparlament schließlich auflöste und eine neue regionale Verwaltungseinheit schuf: die Merseyside Task Force (MTF). Diese setzte statt auf Schiffsverkehr und neue Industrie auf den Ausbau des Dienstleistungsgewerbes, auf Kunst, Kultur und Tourismus.

Erster Testlauf für das neue Konzept war 1984 ein internationales Gartenfestival, das allen Unkenrufen zum Trotz 3,4 Millionen Gäste anlockte. Eindrucksvoll wurde so bewiesen, dass die von Krisen geschüttelte und arg imagegeschädigte Region noch immer einen Besuch wert ist. Mit öffentlichen Zuschüssen versüßte Liverpool privaten Investoren ihr Engagement und lockte auf diese Wei-

se immer neue Firmen, die bis heute viele Milliarden Pfund in die einst fast bankrotte Stadt pumpten.

Das **Albert Dock** ❶ wurde zum **Aushängeschild des neuen Liverpool,** zum besten Beispiel einer geglückten Umwandlung der ehemaligen Hafenanlagen. In den alten Warenlagern am Mersey fanden sich plötzlich Boutiquen und Cafés, Bars, Restaurants und Hotels – auch Museen von Rang, die inzwischen jährlich Millionen Besucher locken. Mit Investitionsgeldern der Europäischen Gemeinschaft wurde die Infrastruktur neu gestaltet, die Uferlandschaft neu geordnet, neue Einkaufszentren realisiert und der öffentliche Nahverkehr erweitert. Und mit dem **Ausbau der Universität,** die inzwischen zu den größten Hochschulen Großbritanniens zählt, stieg erstmals auch wieder die Einwohnerzahl.

Inzwischen hat man sich neue Ziele gesteckt und man will in den nächsten Jahrzehnten **weiter investieren.** Weit

◪ *In der Townhall* ❶ *befindet sich das Wandfresko zur Stadtgründung*

vor den Stadttoren wächst ein neuer Containerhafen, der einmal mehr Englands Nummer Eins werden soll. Auch im Norden der Stadt entstehen neue Viertel mit Hotels, Büros und Geschäften. Investitionen, die sich nur rechnen, wenn die Touristen weiterhin nach Liverpool reisen.

Doch das ungetrübte Selbstbewusstsein der Stadt, das sich auf eine (noch) florierende Wirtschaft stützt, könnte der **Brexit** in den nächsten Jahren dämpfen. Vielleicht hat man aber auch Glück, dass die von einigen prognostizierte Schwäche der Währung erst einmal noch mehr Touristen aus dem Ausland anlockt.

## Stadtgeschichte in Zahlen

**1207** König Johann Ohneland erklärt „Liuerpul" zur Stadt.

**1229** König Heinrich III. macht Liverpool zur „freien Stadt für immer".

**1331** Erstmals taucht Liverpool auf einer englischen Karte auf.

**1351** William de Liverpool wird erstes Stadtoberhaupt.

**1515** Bau des ersten Rathauses

**1641** Beginn des Handels mit den Westindischen Inseln

**1647** Liverpools Hafen, bislang eine Außenstelle Chesters, wird selbstständig.

**1648** Erstmals löscht ein Tabakfrachter aus Amerika seine Fracht im Hafen.

**1715** Bau des ersten Trockendocks der Welt und Erweiterung der Stadt

**1802** Mit dem Lyceum öffnet Europas erste öffentliche Leihbibliothek.

**1815** Auf dem Mersey tauchen die ersten Dampfschiffe auf.

**1830** Eröffnung der Bahnlinie Liverpool – Manchester

**1337** Erstes Grand National Hindernisrennen auf der Pferderennbahn in Aintree

## Kleine Küchengeschichte: Scouse (Labskaus)

*Das erstmals 1701 erwähnte Gericht bestand ursprünglich nur aus Pökelfleisch, Kartoffeln, Zwiebeln und Speck. Heute kommt das traditionelle Seemannsmahl meist mit Roter Bete und Rotkohl verfeinert auf den Tisch. In Deutschland wird Labskaus klassisch aus kurz in Wasser gekochtem, gepökeltem Rindfleisch zubereitet, das mit Zwiebeln, Salzgurken und Roter Bete durch den Fleischwolf gedreht wird. Danach wird die Masse in Schweineschmalz gedünstet, mit Gurkenwasser oder Brühe gekocht und mit gestampften Kartoffeln angereichert.*

*In Liverpool wurde der „Scouse" unter dem Einfluss der irischen Zuwanderer zu einem Eintopf aus Schafs- oder Lammfleisch, Kartoffeln, Zwiebeln, Karotten oder anderem Gemüse. Wer sparen will, lässt das Fleisch einfach weg: „Blind Scouse" heißt die vegetarische Variante des Liverpooler Nationalgerichts.*

111lp Abb.: gs

**1842** Liverpool nimmt das erste öffentliche Bad in Betrieb.

**1874** In Everton gründet sich einer der ersten Fußballklubs der Welt.

**1904** Grundsteinlegung für die anglikanische Kathedrale

**1933** Eröffnung des Flughafens im Vorort Speke (heute John Lennon Airport)

**1934** Öffnung des Queensway Tunnels

**1957** Auf einem Pfarrfest begegnen sich Paul McCartney und John Lennon.

**2005** Liverpool FC schlägt Mailand im Champions-League-Finale.

**2008** Europäische Kulturhauptstadt

**2012** Mehr als 50 Millionen Gäste – ein neuer Besucherrekord

**2018** Die UNESCO berät über den 2004 verliehenen Welterbestatus der Stadt

## Liverpool – Quell des Lebens

*„Ich hatte einen Traum. Ich war in einer dreckigen, verrußten Stadt. Es war Nacht und Winter, dunkel und regnerisch. Ich war in Liverpool. Im Zentrum war ein Pool, in dessen Mitte eine kleine Insel. Auf ihr stand ein einzelner Baum, eine Magnolie voller roter Blüten. Es schien, als stünde der Baum im Licht der Sonne. Gleichzeitig aber strahlte er selbst ganz hell. Alles wirkte extrem unangenehm, schwarz und undurchsichtig. So jedenfalls fühlte ich es. Aber irgendwie hatte ich die Vision von einer überirdischen Schönheit … und das war der Grund, warum ich hier leben konnte. Liverpool ist der Quell des Lebens."*

*Carl Gustav Jung, Psychotherapeut und Kulturpsychologe*

# Leben in der Stadt

*Liverpool ist eine pulsierende Großstadt, geprägt von Erfahrungen, die englische Seeleute einst in aller Welt machten. Beeinflusst auch von Begegnungen, die Liverpooler Werft- und Dockarbeiter mit Menschen aus Afrika, Asien und Amerika hatten. Hunderttausende von Migranten drückten der Stadt ihren Stempel auf, Menschen aller Rassen und Hautfarben. Viele blieben nur ein paar Tage auf der Durchreise, andere ankerten für den Rest ihres Lebens am Mersey. Liverpool wurde so zu Englands Völkermühle, in der Menschen aus allen Nationen zusammenfanden.*

## Multikultureller Schmelzpunkt

„Liverpudlians" heißen sie offiziell, die Menschen in der Stadt am Mersey, Kinder, Männer und Frauen aus weit über 100 Nationen. Fast 70 verschiedene Sprachen, haben findige Köpfe ausgerechnet, werden in Liverpool gesprochen. Und natürlich **Scouse**, ein irisch geprägtes Englisch, **Liverpools Mundart**, die meist nicht leicht zu verstehen ist und für die meisten Touristen fast exotisch klingt. Die *Scousers*, wie sich die Einheimischen selbst nennen, gelten als eigenwillig, aber auch als humorvoll und weltoffen.

Die **größte Bevölkerungsgruppe** bilden die **Iren**. Zu Zehntausenden waren sie Mitte des 19. Jahrhunderts eingewandert. Kaum eine andere englische Großstadt besitzt deshalb noch heute so viele irische Pubs und zählt so viele Katholiken auf engstem Raum. Den Iren folgen in der Bevölkerungsstatistik Schotten und Waliser, deren Arbeitskraft in Liverpool einst besonders geschätzt wurde.

Im 19. Jahrhundert lebten zeitweise bis zu 40.000 Menschen aus Wales in der Stadt. Mit der Liverpool Welsh Choral Union stellen die Waliser noch heute einen der größten Chöre. Kaum kleiner ist die schottische Gemeinde. Auch sie pflegt bis heute ihre eigenen Traditionen und Bräuche.

Daneben gibt es Griechen und Zyprioten, Italiener und Franzosen, deren Ahnen die Napoleonischen Kriege an den Mersey verschlagen hatten. Norweger, Schweden und Dänen spülte die Seefahrt in die Stadt, gläubige Menschen meist, die zum Teil ihre eigenen Gotteshäuser hatten. Hinzu kamen religiös und politisch verfolgte Juden aus Russland, Polen und Deutschland.

Unübersehbar ist auch die **chinesische Gemeinde**, die angeblich älteste Europas, die rund um die Berry Street zu Hause ist und die Straßen in ihrem Viertel zusätzlich chinesisch beschriftet hat. Außerdem nennt sie am Ende der Nelson Street [L12] das größte chinesische Tor außerhalb Chinas ihr Eigen. Hinzu kommen weitere Asiaten und Araber. Afrikaner oder farbige Zuwanderer aus der Karibik und Südamerika dagegen finden sich in Liverpool weit weniger als in anderen englischen Städten. Nur drei von hundert Liverpudlians sind schwarzer Hautfarbe und sie leben zum Teil schon in zehnter Generation am Mersey.

Vor allem aber ist Liverpool eine **junge Stadt**, deren Gesicht mehr als 50.000 Studenten prägen. Mehr als 40 Prozent der Bevölkerung sind jünger als 30 Jahre – vielleicht der wichtigste Grund für die Lebenslust, die diese Stadt versprüht.

138lp Abb.: gs

△ *Viele Statuen und Denkmäler zeugen von der Geschichte der Stadt*

## Hard working, hard fighting, hard drinking ...

... so lautet das Lebensrezept am Mersey. Ein Dreiklang aus Erfahrungen, welche die Menschen in Englands Nordwesten immer wieder machten. *Scousers* nennen sie sich selbst in Erinnerung an das englische Wort *lobscouse*. Es stand einst auch dem deutschen Wort „Labskaus" Pate. Damit ist ein deftiger Eintopf gemeint, wie ihn vor allem die Seeleute schätzten. Vermutlich waren es norwegische Matrosen, die den Labskaus im späten 19. Jahrhundert im Welthafen Liverpool populär machten. Der Eintopf ist eine preiswerte, vor allem aber sättigende Mahlzeit, die nach kurzer Zeit zur Lieblingsspeise der Liverpudlians wurde (s. S. 97).

142 lp Abb.: gs

Ein anderer Favorit heißt *Butty,* womit in Liverpool ein Sandwich gemeint ist. Oder *Everton Mint,* schwarz-weiß gestreiftes, süßes Naschwerk. Seinen Namen verdankt diese Leckerei einer Frau, der sogenannten *Toffee Lady,* welche die Süßigkeiten einst in der Halbzeitpause der Fußballspiele des Everton FC unter das Volk warf.

Nicht immer sind die *Scousers* gut angesehen. Das liegt in erster Linie an ihrem oft rücksichtslosen Auftreten, wie es vor allem manche Fußballfans bis heute an den Tag legen. „Gemeinsam sind wir stark" heißt diese Botschaft genauer betrachtet – einer der Schlüssel zur Identitätsbestimmung der Menschen am Mersey. Denn die vielen Krisen, die seit Jahrhunderten zu bewältigen waren, haben die **Liverpudlians zusammengeschweißt**. Das hat seine guten Seiten, denn hier steht einer für den anderen ein, was den *Scousers* oft den Vorwurf der Dickköpfigkeit einbringt. Auf der anderen Seite geht diese Identität manchmal auch so weit, dass man – wie im Falle eines 2007 erschossenen Jungen – einen Mörder schützt und die Polizei angesichts einer Mauer des Schweigens verzweifelt.

Es ist umstritten, wie stark die Bindung der Menschen an Liverpool letzten Endes wirklich ist. So mussten sich die Beatles, die immer wieder betonten, wie sehr Liverpool sie geprägt hat, gefallen lassen, dass sie von den *Scousers* bis heute kritisiert werden, weil sie nach ihren ersten großen Erfolgen die Stadt verlassen haben.

◿ *Liverpool –*
*eine Fußballmetropole*

▷ *Der Liver Bird ist*
*das Wahrzeichen der Stadt*

## Liverpools Wahrzeichen: der Liver Bird

Was London der Tower, Paris der Eiffelturm oder Venedig die Gondel ist, ist Liverpool der Liver Bird. Der Vogel ist das Wahrzeichen der Stadt und prangt daher auf offiziellen Briefköpfen, allen Stadtwappen und städtischen Mülleimern.

Schon anno 1350 hatte ein Vogel erstmals ein städtisches Siegel geziert, das sich heute im Britischen Museum in London befindet. Ein Adler, der als Symbol für den Apostel Johannes stand und an König John erinnern sollte, der Liverpool im Jahr 1207 zur Stadt erklärt hatte. Im 17. Jahrhundert aber war dies alles in Vergessenheit geraten. Der städtische Vogel nahm die Gestalt eines Kormorans an, wie er in den Gewässern rund um die Stadt damals häufig anzutreffen war.

So richtig zum Wahrzeichen der Stadt aber wurde der Liver Bird erst Anfang des letzten Jahrhunderts, als die Bauherren des Royal Liver Buildings am Pier Head ❹ ihre beiden Uhrtürme mit **zwei fünfeinhalb Meter hohen Vögeln aus Kupfer** krön-

## „Ob-la-di Ob-la-da" – kleines Liverpooler Wörterbuch

„Ob-la-di Ob-la-da" stammt zwar aus dem Nigerianischen, folgende Ausdrücke sind aber wirklich original Liverpooler Zungen entsprungen:

> **Kecks:** Herrenhose
> **Over the water:** Bezeichnung für alle, die auf der anderen Seite des Mersey wohnen
> **Jigger:** enger Durchgang zu oder neben einem Haus
> **Gear:** anstatt „great" für großartig
> **Casey:** Lederfußball
> **La:** Kurzform für Freund oder Kamerad, der Song „Ob-la-di Ob-la-da" machte den Ausdruck weltweit bekannt.
> **Skint:** Bedeutet so viel wie „Ich habe kein Geld" und ist beim abendlichen Kneipenbummel häufig zu hören.
> **Ta:** Danke
> **Khazi:** Toilette
> **An-Twakky:** Altmodisch
> **Queen:** Männliches Modewort, mit dem Väter ihre Töchter und Männer ihre Ehefrauen titulieren

143|p Abb.: gs

## The Liverbirds live

*„Vier Mädchen machen den Stones Konkurrenz", konnte man 1965 im Hamburger Abendecho lesen. Gemeint waren die Liverbirds, die als erste Girlgroup überhaupt gelten. 1962 formierte sich die Beat-Band um die vier echt Liverpooler „Puppen" (birds), die auch im Cavern Club erste Hörer fanden, um dann im Hamburger Star-Club sogar die Beatles an Beliebtheit in den Schatten zu stellen. So beliebt, dass mehrere US-Tourneen ausgeschlagen wurden. Wer weiß, was passiert wäre, wenn die „weiblichen Beatles" ebenso wie ihre männlichen Kollegen auch jenseits des großen Teichs Fuß gefasst hätten. So konzentrierte sich ihr Erfolg besonders auf Europa, bis sich die Band 1967 auflöste. Unterstützt wurde die Band u. a. von den Kinks, deren Hit „You really got me" auf den geliehenen Instrumenten der Liverbirds eingespielt wurde. Zwischen den 1960er-Jahren, als sie als „Frauen mit Instrumenten" wahrgenommen wurden, und einem Artikel im feministischen Magazin Missy 2010 hat sich eines noch nicht geändert: Die Liverbirds sind vor allem als weibliche Beat-Band und nicht als Band bekannt.*

ten und damit alte Mythen neu belebten. Auch die Legende vom Ende Liverpools: Sollte der Liver Bird eines Tages die Stadt verlassen, ist diese der Legende zufolge dem Untergang geweiht. Eine andere Legende besagt, dass die ehernen Vögel auf dem Royal Liver Building davonfliegen würden, wenn ein ehrenwerter Liverpooler Mann und eine Liverpooler Jungfrau in Liebe zusammenfänden.

Nach dem Willen ihrer Schöpfer halten die beiden Vögel auf dem Hochhaus Tag und Nacht symbolisch über Liverpool Wacht. Dabei soll das Männchen auf der Stadtseite ein Auge auf das Wohl der Menschen werfen, das Weibchen gegenüber auf den Wohlstand achten, der sich damals vor allem im Hafen dokumentierte. Das Volk freilich sah und sieht das bis heute anders. Für die Liverpudlians hält das hoch über dem Mersey platzierte Vogelweibchen nach heimkehrenden Matrosen Ausschau, sein männliches Gegenstück dagegen nach offenen Pubs.

Noch immer sind die Liver Birds das Symbol der Stadt. Und auch in Zukunft wird Liverpool an ihnen als Markenzeichen festhalten – wie auch der Fußballklub Liverpool FC, der sich den Vogel als Marke hat urheberrechtlich schützen lassen.

**Neuste Darstellungen des Wappenvogels** aber zeigen ihn nicht mehr mit einem Zweig Seegras im Schnabel, sondern mit einem Pinsel und einer Schreibfeder. Auf diese Art bringen Künstler vereinzelt Liverpools Richtungswechsel von der Hafenstadt zur Kunst- und Kulturmetropole zum Ausdruck.

▷ *Der Mersey als Magnet: Liverpools City wächst und wächst …*

# Zukunftspläne

Noch ist Liverpools Entwicklung nicht abgeschlossen. Immer wieder schmiedet man neue Pläne für die Zukunft. Ihre Verfechter bauen dabei auf weiter steigendes Wachstum, setzen auf Firmen und Betriebe, die ihre Büros an den Mersey verlagern. Und auf Menschen, die in den neuen Einkaufstempeln shoppen und in den neuen Häusern am Flussufer wohnen sollen.

Den Wandel der Stadt spiegeln auch ihre Beschäftigten wider. Waren die Liverpudlians vor einem Jahrhundert noch vorwiegend in Fabriken beschäftigt, körperliche Arbeit also die Regel, verdienen die meisten heute ihr Geld im **Dienstleistungsgewerbe.** Mehr als zwei Drittel aller Beschäftigten sind im öffentlichen Dienst, im Erziehungs- und Gesundheitsbereich, im Touristiksektor oder bei Banken oder Versicherungen angestellt.

Wer die Uferpromenade in Birkenhead entlangbummelt, die Mersey-Fähren ④ bringen den CityTrip-Reisenden schnell dorthin, sieht dem neuen Liverpool am besten ins Gesicht. Die klassische **Skyline** der Stadt, fast ein Jahrhundert das Bild Liverpools prägend, wird nämlich zunehmend von Wolkenkratzern bestimmt. West Tower heißt der höchste, ein 40-stöckiges Bürohaus, das sich 140 Meter in den Liverpooler Himmel reckt – mit einem Panoramarestaurant im 34. Stock, das einen einmaligen Rundumblick auf die Stadt gewährt. Der ideale Platz für den Nachmittagstee!

Doch das aktuelle **Facelifting ist umstritten.** Manche fürchten, die **Stadt könnte ihre Identität verlieren,** sich künftig einreihen in die Metropolen des Big Business, deren Boutiquen und kulinarischen Tempel sich allesamt ähneln.

Es geht um die Seele, um das Herz der Stadt, das unter die Räder der Finanzhaie und Heuschrecken geraten ist. Längst sind **multinationale Investoren die heimlichen Herrscher** Liver-

pools. Und das in einer Stadt, die politisch traditionell eher links wählt. So regiert seit 2014 die Labour Party mit überwältigender Mehrheit die Stadt, während alle anderen Parteien unbedeutend sind.

Damit aber steht Liverpool vor einer Herausforderung, denn die Labour-Stadt muss sich derzeit gegen eine konservative Regierung in London behaupten. Das führte schon einmal zu Problemen, als in der Ära Thatcher die linke Stadtregierung, die in Schulden zu ersticken drohte, kurzerhand aufgelöst wurde. Trotz aller Bedenken und Unwägbarkeiten wird aber in Liverpool erst einmal weiter gebaut, Altes abgerissen und Neues hinzugefügt.

Entscheidend für die künftige Entwicklung ist das **Projekt Liverpool Waters** – eine sechs Milliarden Pfund teure Investition in die Gegend um die alten, unter dem Schutz des Weltkulturerbes stehenden Docks im Norden der Stadt. In den nächsten Jahrzehnten sollen dort auf 60 Hektar Fläche über zwanzigtausend neue Wohnungen entstehen, dazu viele Tausend Arbeitsplätze in Wolkenkratzern, die das Stadtbild gewaltig verändern werden. Nördlich des Princess Dock soll auf gut zwei Kilometern Länge eine ganz neue Uferlandschaft wachsen.

Ein **modernes Stadtviertel** mit Straßen, Häusern und Plätzen, mit großzügig geschnittenen Wohnungen, Büros, Restaurants, Cafés, Bars, kommunalen Einrichtungen, Parkhäusern, Geschäften und Hotels. Wahrzeichen von Liverpool Waters soll der 55-stöckige Shanghai Tower werden, in dem Büros, Wohnungen und ein Fünfsternehotel Platz finden sollen. Er könnte das höchte Gebäude Großbritanniens werden.

Diese Entwicklung stört vor allem die UNESCO. Sie hat angekündigt, bei Realisierung der weitgehend von chinesischen Investoren finanzierten Pläne der Stadt ihren **Status als Weltkulturerbe** zumindest teilweise zu entziehen. Liverpools linker Stadtregierung aber sind Arbeitsplätze wichtiger als kulturelles Prestige. Darin sind sich die Politiker allerdings mit der Mehrheit der Menschen am Mersey einig, auch wenn ihnen klar ist, dass die Stadt ihren neuen Wohlstand vornehmlich der Kultur verdankt.

Noch hat die UNESCO der Stadt das Welterbesiegel nicht entzogen. Das Fass zum Überlaufen könnte aber der Stadionbau am Ufer des Mersey sein, den der Everton FC plant (s. S. 52).

❯ Für weitere Informationen siehe
www.liverpoolwaters.co.uk

# PRAKTISCHE REISETIPPS

# An- und Rückreise

## Allgemeine Überlegungen

Für die Reise nach Liverpool gilt gewöhnlich: **Größere Familien**, die Liverpool im Rahmen einer längeren England-Rundreise kennenlernen wollen, sind mit dem eigenen Auto nicht schlecht beraten.

Wer **Flugangst** hat, ist mit der Bahn gut bedient. Schnelle Züge und gute Umsteige-Verbindungen bringen den Urlauber heute in relativ kurzer Zeit auf die Insel. So beträgt die reine Schienenfahrzeit zwischen Köln und Liverpool nicht mal mehr sechs Stunden. Das letzte Stück der Reise von London nach Liverpool ist mit gut zwei Stunden zudem eine Etappe, die man gerne auch mit einem Kurzbesuch in der britischen Hauptstadt London kombinieren kann.

**Für Kurzurlauber** ist die An- und Abreise mit dem Flugzeug am besten. In den meisten Fällen, wenn man sich früh genug um ein Ticket kümmert, ist die Anreise mit dem Flieger auch am preiswertesten. So sind selbst Linienflüge ins benachbarte Manchester für rund 200 € pro Person (Hin- und Rückreise) fast jederzeit zu buchen. Außerdem gibt es Billigfluggesellschaften, die Liverpool direkt anfliegen. Unter Umständen rechnet sich auch ein Flug nach London, von dessen Airports Linienbusse bis nach Liverpool verkehren (National Express, www.nationalexpress.com).

Nicht zuletzt lässt sich Liverpool auch mit einem **Abstecher nach oder von Dublin oder Belfast aus** kombinieren. Beide Städte sind mit regelmäßig verkehrenden Fähren an Liverpool angebunden. Dies bietet die Option, mithilfe eines Gabelflugs eine Woche Kultururlaub in Belfast, Dublin und Liverpool miteinander zu verbinden.

## Auto

Für die Anreise mit dem Auto sollte man **mindestens einen Tag einkalkulieren**. Wer aus Österreich, der Schweiz oder Süddeutschland kommt, sollte zudem eine Übernachtung auf dem Weg einplanen. Hier einige beispielhafte **Entfernungen:**

> Berlin – Liverpool: 1450 km, Fahrzeit ca. 14,5 Stunden
> München – Liverpool: 1500 km, Fahrzeit ca. 14,5 Stunden
> Zürich – Liverpool: 1300 km, Fahrzeit ca. 14½ Stunden
> Wien – Liverpool: 1850 km, Fahrzeit ca. 18 Stunden

Zu den Benzinkosten kommen allerdings noch die **Gebühren für die Fähre oder den Eurotunnel** hinzu. Die Tunnelgebühren betragen mindestens 145 € für die Hin- und Rückfahrt im Pkw (inklusive neun Personen). Sehr viel preiswerter ist die Fähre von Calais nach Dover, deren Preise je nach Saison und Tageszeit variieren. Alternativen sind Fährverbindungen aus Belgien und den Niederlanden oder die kostengünstige Nachtfähre vom französischen Dünkirchen nach Dover.

◁ *Vorseite: Liverpool ist bunt, schräg und weltoffen*

▷ *Willkommen in Liverpool – die Lime Street Station* **13**

Rechnet man alle Kosten zusammen, ist eine Autoreise immer teurer als Bus oder Billigflieger. Das Auto lohnt sich daher eigentlich nur für Familien, die sonst einen Leihwagen vor Ort anmieten würden.

❯ www.visitbritain.com
❯ www.aferry.de : Fährbuchungsportal mit gelegentlichen Schnäppchen

## Bahn

Die Eisenbahn ist eine bequeme und inzwischen auch schnelle Alternative zum Auto, verglichen mit Bus und Flugzeug aber auch relativ teuer. Außerdem muss man mehrmals umsteigen. Über Zugverbindungen nach Liverpool informieren die Websites der Bahnunternehmen.

❯ Deutschland: www.bahn.de
❯ Schweiz: www.sbb.ch
❯ Österreich: www.oebb.at
❯ England: www.nationalrail.co.uk

Zugreisenden sei der **BritRail Euro GB Pass** ans Herz gelegt, der ein bequemes und stressfreies Reisen in ganz Großbritannien ermöglicht. Dieser nur für Besucher und nicht für Briten gedachte Pass erlaubt unbegrenztes Bahnfahren auf der britischen Insel und kann auch online bestellt werden.

❯ www.visitbritainshop.com

## Bus

Für jüngere Leute und Reisende mit viel Zeit ist die Anreise mit dem Bus überlegenswert – vor allem wenn man größeres Gepäck dabei hat. In der Regel fahren die Busse direkt nach London, so z. B. täglich aus Berlin (Fahrzeit 20 Std.). Von London geht es mit National Express oder einem anderen Anbieter weiter nach Liverpool (Fahrzeit ca. 5 Std.).

❯ www.visitbritain.com/de/Transport

## Flugzeug

Die einfachste und schnellste Anreise erfolgt mit dem Flugzeug. **Liverpools Flughafen** im Süden der Stadt heißt „John Lennon Airport" (www.liverpoolairport.com) und ist mit diversen Buslinien gut in das öffentliche Verkehrsnetz eingebunden. So existiert eine direkte Verbindung (Bus Nr. 500) vom Flughafen in die Liverpooler Innenstadt. Die Busse verkehren alle 30 Minuten. Fahrzeit: ca. 45 Minuten, Taxis schaffen die Strecke in der halben Zeit. Die meisten Linienmaschinen **fliegen Liverpool** aus dem deutschsprachigen Raum bzw. dessen Umgebung allerdings **nicht direkt an.**

Besser ist die Anbindung über **Manchester** (www.manchesterairport.co.uk), das von fast allen großen Flughäfen in Deutschland, der Schweiz und Österreich angeflogen wird und von dem aus Liverpool mit Bus oder Bahn im besten Fall in einer knappen Fahrstunde erreicht wird. Direkt neben dem Flughafenterminal startet nahezu stündlich ein Zug. Endhaltestelle ist die Lime Street Station ⑬ in Liverpool (Informationen über Fahrzeiten und Preise unter www.thetrainline.com).

**National-Express-Busse** fahren vom Manchester Airport nonstop ins Einkaufsparadies Liverpool One ⑮ (Fahrtzeit eine knappe Stunde). Noch schneller ist man mit einem **Taxi**, allerdings kostet eine Fahrt vom Flughafen ins Stadtzentrum rund 70 bis 90 Pfund. Weitere Informationen zu Zeiten und Preisen finden sich unter www.manchesterairport.co.uk/getting-to-and-from.

Internetsuchmaschinen (www.billiger-fliegen.de, www.cheaptickets.de u. a.) helfen bei der Jagd nach einem preiswerten Flug. Die besten Angebote findet man oft, wenn man die Seiten der Fluggesellschaften selbst nach günstigen Angeboten durchforstet. Häufig kann man viel Geld sparen, wenn man seine Reise nur um ein paar Stunden oder Tage verlegt.

## Schiff

Belfast und Dublin sind per Schiff mit Liverpool verbunden. Die Fahrzeit in die irische Hauptstadt beträgt rund acht Stunden, etwas weniger bis ins nordirische Belfast. Regelmäßige Schiffsverbindungen gibt es von Liverpool auch auf die Isle of Man.
> www.stenaline.co.uk
> www.poferries.com

# Autofahren

## Parksituation

Kostenlose **Parkmöglichkeiten** in der City sind rar. „Controlled Parking Zone" heißen die Straßenparkplätze, die mit gelben Linien auf der Straße und entsprechenden Schildern gekennzeichnet sind. Tickets gibt es am Parkautomaten. Die Höchstparkdauer beträgt vier Stunden.

Länger kann man sein Fahrzeug in den zahlreichen städtischen Parkhäusern abstellen, die in der Regel zwischen 7 und 19.30 Uhr geöffnet sind, manche wie am **Mount Pleasant** [L11] oder in der **Victoria Street** [J10] auch bis Mitternacht. Das Parkhaus direkt neben dem Einkaufszentrum

▹ *Achtung und immer Augen auf! In England gilt Linksverkehr, trotzdem können in Ausfahrten (wie hier auf dem Foto) auch mal Fahrzeuge von links kommen.*

**Liverpool One** ⑮ mit über 2000 Abstellplätzen ist eine der zahlreichen, rund um die Uhr geöffneten privaten Garagen.

Preiswerte Wochenendparkplätze finden sich am **Prince's Dock** [H9/10], wo man sein Fahrzeug 24 Stunden lang für 3,50 £ abstellen kann.

## Rechts verkehrt – britischer Verkehr

Doppelte gelbe Linien am Straßenrand bedeuten absolutes **Halteverbot.** Eine einzelne Linie, unterbrochen oder durchgezogen, bedeutet eingeschränktes Halteverbot. Falschparkern drohen hohe Geldbußen – wenn ihr Fahrzeug nicht gleich abgeschleppt oder mit Parkkrallen festgesetzt wird. **Motorräder** dürfen nicht auf Autoparkplätzen abgestellt werden. Für sie gibt es eigens ausgewiesene Parkmöglichkeiten.

In England herrscht **Linksverkehr**, man fährt auf der linken statt der rechten Straßenseite. Im Kreisverkehr muss man sich bspw. im Uhr-

zeigersinn einordnen. Für Fußgänger bedeutet das umgekehrt, beim Überqueren einer Straße zuerst nach rechts zu schauen, dann erst nach links. In Einbahnstraßen oder Ausfahrten verweisen Schriften wie „Look right" oder „Look left" auf der Fahrbahn, wohin man als Fußgänger seine Augen zu wenden hat.

Im Übrigen gelten auf der Insel **fast die gleichen Verkehrsregeln** wie auf dem Kontinent. Auch hier gilt grundsätzlich: rechts vor links. Das Schild „Give Way" und gestrichelte Doppellinien bedeuten, dass man keine Vorfahrt hat. Die Höchstgeschwindigkeit in Ortschaften beträgt 30 mph (48 km/h), auf Landstraßen 60 mph (96 km/h), auf Autobahnen 70 mph (112 km/h). In Liverpool selbst gilt auf den meisten Straßen – nicht allerdings auf Durchgangsstraßen – Tempo 20 (32 km/h). Die Alkoholgrenze liegt bei 0,8 ‰ und natürlich sind auch in England Handy-Telefonate am Steuer verboten. Es ist auch wichtig zu wissen, dass im Auto **nicht geraucht** werden darf, wenn Kinder

147/p Abb.: gs

und Jugendliche im Fahrzeug sind (mit Ausnahme von Cabrios) und das innerorts das **Hupen** zwischen 23 und 7 Uhr untersagt ist.

## Tanken

Bleifreies Benzin heißt *petrol unleaded,* Normalbenzin *petrol* und Diesel *fuel.* Achtung: Diesel ist in England im Gegensatz zu fast allen europäischen Ländern nicht billiger als Benzin. Am besten tankt man an den Tankstellen der großen Supermärkte, wo der Kraftstoff meist preiswerter als etwa an den Autobahnen ist.

## Plattfuß am Mersey

**Pannenhilfe** bieten die beiden großen englischen Organisationen AA (Automobile Association) und RAC (Royal Automobil Club). Da beide jedoch nicht verpflichtet sind, Nichtmitgliedern zu helfen, empfiehlt es sich, einen im Ausland gültigen Schutzbrief zu erwerben. Die meisten europäischen haben mit den britischen Klubs Vereinbarungen über eine gegenseitige Zusammenarbeit abgeschlossen.

> Pannenhilfe-Telefon RAC: Tel. 0333 2000999, www.rac.co.uk
> Pannenhilfe-Telefon AA: Tel. 0800 887755, www.theaa.com

## Mietwagen

Einen Mietwagen braucht man in Liverpool eigentlich nicht – es sei denn, man will das Hinterland entdecken. In diesem Fall ist es sinnvoll, schon am Flughafen ein Auto zu organisieren.

Am besten bucht man sein Fahrzeug von zu Hause aus, entweder direkt beim Verleiher oder über ein Internetportal wie:

> www.billiger-mietwagen.de

# Barrierefreies Reisen

Für Behinderte ist Liverpool ein Reiseziel **ohne große Hindernisse.** Fast alle großen kulturellen Einrichtungen wie Museen und Theater wurden in den letzten Jahren behindertengerecht ausgestattet. So werden Filme in den großen Museen häufig von Gebärdendolmetschern auf der Leinwand parallel übersetzt. Die meisten großen öffentlichen Parkplätze haben Halteflächen für Behinderte ausgewiesen. Alle schwarzen Taxen sind rollstuhlgerecht eingerichtet, die meisten ihrer Fahrer den Umgang mit Behinderten gewohnt. Die Stadt informiert zudem ausführlich auf ihrer Website (www.liverpool.gov.uk) über alle behindertengerechten Angebote.

Auch **Bus und Bahn** sind auf die Bedürfnisse Behinderter eingestellt. Merseyrail unterhält im Großraum Liverpool ein Service-Telefon für alle, die beim Reisen auf Hilfe angewiesen sind: Tel. 0151 7022704. Für alle nationalen Züge gibt die Website www.nationalrail.co.uk unter dem Stichwort „Passengers with disabilities" Hilfestellung.

Generelle Informationen über behindertengerechte Reisemöglichkeiten, Unterkünfte für Menschen mit Handicap oder wie man mit seinem Blindenhund Urlaub macht, finden sich unter:

> www.disabledtraveladvice.co.uk

# Diplomatische Vertretungen

> **Botschaft der Bundesrepublik Deutschland,** 23 Belgrave Square/ Chesham Place, London SW1X 8PZ, Tel. +44 (0)20 78241300, www.uk.diplo.de

› **Österreichische Botschaft**, 18 Belgrave Mews West, London SW1X 8HU, Tel. +44 (0)20 73443250, www.bmeia.gv.at/oet-london

› **Schweizer Botschaft**, 16–18 Montagu Place, London W1H 2BQ, Tel. +44 (0)20 76166000, www.eda.admin.ch/london

# Ein- und Ausreisebestimmungen

Für Deutsche, Schweizer und Österreicher genügt bislang ein gültiger Personalausweis. Das könnte sich nach dem Brexit ändern, so dass man mit einem gültigen Reisepass immer auf der sicheren Seite ist. Aufenthaltsgenehmigungen sind erforderlich, wenn man länger als sechs Monate in Großbritannien Station machen will. Auch diese Frist könnte sich ab April 2019 ändern.

Hunde kann man nach Liverpool mitnehmen. Während der Fährüberfahrt muss der Vierbeiner im Auto bleiben – anders als auf der Fahrt durch den Eurotunnel, wo der Hund bei Herrchen oder Frauchen sitzen darf. Zuvor muss das Tier einem Kontrolleur vorgestellt werden, der Chip und Papiere überprüft. So muss jedes Tier einen Mikrochip eingepflanzt haben und über einen „EU-Heimtierausweis" mit gültigen Impfbescheinigungen, z. B. gegen Tollwut verfügen. Außerdem müssen Hunde frisch gegen Bandwürmer geimpft sein, der Nachweis dafür muss in den entsprechenden Papieren eingetragen sein. Für einige Kampfhunderassen herrscht Einreiseverbot.

**Auf keinen Fall** sollte man versuchen, sein Haustier illegal über die Grenze zu bringen. Unter Umständen muss man in diesem Fall damit rechnen, dass das Tier eingeschläfert wird.

› **Infos:** www.gov.uk/take-pet-abroad

# Elektrizität

In Großbritannien kommt in der Regel 240-V-Wechselstrom/50 Hz aus der Steckdose. Elektrogeräte mit 220 V können daher genutzt werden.

Ein Problem ist aber der **Stromanschluss**, denn in manchen Fällen passen kontinentaleuropäische Stecker nicht in die britischen, **dreipoligen Steckdosen**. Ein dreizinkiger **Adapter** (plug/adapter) sollte also Bestandteil des Reisegepäcks bei einem Besuch in England sein.

# Geldfragen

## Währung

England ist nicht der europäischen Währungsunion angeschlossen. Deshalb zahlt man in Liverpool statt in Euro in **Pfund**. 1 Pfund entspricht 100 **Pence**, abgekürzt „p". 

Es gibt Münzen zu 1, 2, 5, 10, 20 und 50 Pence sowie 1 und 2 Pfund, Scheine existieren im Wert von 5, 10, 20 und 50 Pfund. Alle Münzen und

---

**EXTRAINFO**

**Wechselkurse**
Den Wechselkurs findet man tagesaktuell unter www.oanda.com.

1 € = 0,89 £
1 £ = 1,12 €
1 Sfr = 0,76 £
1 £ = 1,31 Sfr

(Stand: Dezember 2017)

## Liverpool preiswert

**Saveaway-Tickets** nennen sich die Sparangebote im öffentlichen Nahverkehr. So offeriert Merseytravel ein eintägiges Billigticket, das am Wochenende, feiertags und werktags außerhalb des morgen- und abendlichen Berufsverkehrs ab 9.30 Uhr gültig ist. Die Karten sind nicht übertragbar und gelten nur in den gelösten Zonen. Das Ticket für alle Zonen, das auch für Ausflüge nach Chester oder Southport gültig ist, kostet 5,20 £. Günstiger ist es für alle, die nur im engsten Stadtgebiet unterwegs sind. Dann kostet das Tagesticket 3,90 £. Die Fahrkarten gibt es in allen Reisezentren, Bus- und Bahnstationen. Infos:

❱ www.merseytravel.gov.uk

Wer noch andere Ziele in England besucht, ist mit einem **National Trust Touring Pass** sehr gut bedient. Die nur für Ausländer gültigen Touristenpässe gewähren kostenlosen Zutritt zu über 300 historischen Gärten und Häusern in England und Nordirland – in Liverpool etwa zu den Elternhäusern von John Lennon ㉑ und Paul McCartney ㉒, zur Speke Hall und zu The Hardman's House (s. S. 41) in der Rodney Street ⓱. Die Pässe haben entweder 7 oder 14 Tage Gültigkeit und werden nach der Bestellung nach Hause geschickt. Es gibt sie als Einzel-, Doppel- oder Familienpass. Preis: 29– 73 €. Zusammen mit dem Pass erhält

man eine Broschüre, in der alle Einrichtungen, die man kostenlos besichtigen kann, verzeichnet sind. Auch online zu beziehen:

❱ www.visitbritainshop.com

Restaurantbesucher, die früher als andere zu Abend essen, können vielerorts Geld sparen. **Early Evening Dinner** heißt das Zauberwort, das bei Restaurant-Bestellungen vor 19 Uhr (manchmal auch vor 18 Uhr) erhebliche Preisabschläge gewährt. Es lohnt sich also, die ausgehängten Speisekarten zu studieren.

Visit Liverpool hat den **Liverpool Pass** aufgelegt, der in ausgesuchten Restaurants und Cafés, auf Cityfahrten und bei Stadtrundgängen Ermäßigungen von durchschnittlich 20 % bringt. Den Pass gibt es für drei Tage (5 £) oder sechs Monate (12 £). Weitere Infos und die Möglichkeit zur Online-Bestellung findet man unter www.visitliverpool.com/liverpoolpass. Ob sich die Anschaffung lohnt, hängt von individuellem Besuchsprogramm ab.

Als **kostenlose Großveranstaltungen** mit toller Musik empfehle ich das Oye-Festival im Juni mit afrikanischer Musik im Freien – und das Liverpool International Music Festival, das die Nachfolge des legendären Mathew Street Festivals angetreten hat. (Einzelheiten unter „Zur richtigen Zeit am richtigen Ort").

Scheine tragen das Bild der englischen Königin.

Die **Mehrwertsteuer** beträgt 20 %. Noch unklar ist, wie sich der **Brexit** auf Ein- oder Ausfuhrbeschränkungen für Devisen auswirkt.

## Kartenzahlung

Da Geschäfte, Restaurants und Hotels, Museen, Tankstellen und große Firmen in der Regel alle gängigen **Debit- und Kreditkarten** akzeptieren,

EXTRAINFO

**Zentrales Infotelefon**

Für alle Touristen bietet Visit Liverpool ein breit gefächertes Infoangebot:

> **Zentrales Info-Telefon:**
  Tel. 0151 7070729
> **Aktuelle Informationen im Internet** zu allen touristischen Angeboten, Neuerungen und Änderungen:
  www.visitliverpool.com

braucht man in seiner Reisekasse eigentlich nur Taschengeld. Das bringt man am besten gleich von zu Hause mit. Ansonsten tauscht man in einer Bank – oder zieht das Geld am **Automaten**. Beim Abheben von Bargeld in Landeswährung wird manchmal angeboten, dass die Abrechnung mit dem eigenen Konto in Euro erfolgen kann. Das Verfahren ist als **Dynamic Currency Conversion** (**DCC**) bekannt. Wählt man diese Option, die ja sicherer erscheint, wird aber ein ungünstiger Wechselkurs zugrundegelegt, der erhebliche Kosten verursachen kann. Deshalb sollte man Abhebungen immer in der Landeswährung vom eigenen Konto abbuchen lassen. Dann legt die eigene Bank den offiziellen Devisenkurs zugrunde.

# Informationsquellen

## Infostellen in der Stadt

### Touristeninformationen

❶ 112 [J12] **Anchor Courtyard**, Albert Dock, Liverpool L3 4AA, tgl. 9.30–17.30 Uhr
> **Liverpool John Lennnon Airport TIC**, Arrival Hall South Terminal, Speke Hall Road, Liverpool L24 1YD, tgl. 8–18 Uhr
❶ 113 [J11] **Travel Center Liverpool One**, 1 Canning Place, Liverpool L1 8LB, Mo.–Sa. 8.30–18 Uhr

# Infos für LGBT+

*Mit Manchester kann sich Liverpool (noch) nicht messen, aber es gibt eine Reihe von Klubs und Lokalen, die sich auf Schwule und Lesben eingestellt haben. Zentrum ist die Gegend um Stanley Street, Dale Street, Eberle Street und Cumberland Street [J10]. Dieses Viertel ist auch von der Stadt als Gay-Quartier anerkannt und mit regenbogenfarbenen Straßenschildern gekennzeichnet worden. Seit 2010 organisiert die Stadt zudem die* **Gay Parade** *„Liverpool Pride“.* „**Homotopia**“ *heißt ein jährliches Festival im Oktober/November, bei dem schwule und lesbische Kunst und Kultur dominiert.*
> *www.liverpoolpride.co.uk*
> *www.homotopia.net*

*Lokale*

❶ 114 *[J10]* **G-Bar**, *1-7 Eberle Street, Liverpool L2 2AG, Tel. 0151 2364416, www.g-bar.com, Do.– So. ab 23 Uhr. LGBT-Treff, in dem die Drinks preiswerter sind als in vergleichbaren anderen Klubs der Stadt.*

❶ 115 *[J10]* **Superstar Boudoir**, *22- 24 Stanley Street, Liverpool L1 6AF, Tel. 0151 2274590, www. facebook.com/superstarboudoir liverpool, So.-Do. 22-3, Fr./Sa. 21-5 Uhr. Mitten im Gay-Viertel feiern Drag Queens und andere Nachtschwärmer.*

❶ 116 *[J10]* **The Lisbon**, *35 Victoria Street, Liverpool L1 6GB, Tel. 0151 2316831, www.thelisbon. co.uk, Mo.-Mi. 12-24, Do.12- 1, Fr./Sa. 12-2, So. 15-24 Uhr. Etwas plüschiger Klub.*

## Meine Literaturtipps

> Guedson/Margotin, **Beatles Total: Die Geschichten hinter den Songs,** Delius Klasing, Bielefeld 2014. Yeah, Yeah, yesterday! Ein reich bebildertes Buch für alle Fans der Liverpooler Band, mit kenntnisreichen Hintergrundgeschichten zu wirklich allen Beatles-Songs. All you need is love – and this book!

> Malte Oberschelp, **Die Hymne des Fußballs, „You'll never walk alone" – Eine Kulturgeschichte,** Verlag Die Werkstatt, Göttingen 2013. Akribische Nachzeichnung der Entwicklung der Fußballhymne, die auch in deutschen Stadien ihre Anhänger gefunden hat. Spannend geschrieben und immer wieder überraschend.

> Luca Veste, **Die Lektion des Todes,** Blanvalet, München 2015. Packender Psychothriller aus Liverpool. Er bringt dem Leser die Stadt nach dem Mord an einer Studentin im Sefton Park aus der Sicht der polizeilichen Ermittler näher. Das Richtige für den Rückweg aus Liverpool!

> Martion Rafelt, **Vollgasfußball: Die Fußballphilosophie des Jürgen Klopp,** Verlag Die Werkstatt, Göttingen 2016. Porträt des Liverpooler Trainers. Fußballgeschichte und Taktik vereint auf 176 hochinteressanten Seiten.

> Philip Norman, **Paul McCartney,** Piper, München 2017. Die erste autorisierte Biografie von „Sir Paul". Fast tausend spannende Seiten, die einem den Liverpooler näherbringen. Nicht nur für Fans der Fab Four!

> Lifka/Pfarr: **Hilfe. 10 Beatles-Krimis,** Leinpfad Verlag, Ingelheim 2011. Für alle Beatles-Fans zur Einstimmung, schräge Kriminalgeschichten um die Fab Four.

---

ℹ 117 [K10] **Travel Center Queen Square,** Queen Square, Liverpool L1 1 RG, Mo.–Sa. 8.30–18 Uhr, So. 10–17 Uhr

### Bibliotheken

In Liverpool gibt es zahlreiche öffentliche Büchereien. In allen kann man Bücher und andere Medien ausleihen, vielerorts finden sich zudem Computer mit kostenlosem Internetzugang.

Die größte und zentrale Bibliothek ist die **Central Library** ⓫, die neben mehr als 50 öffentlichen Computerterminals auch über Kopierer und Faxanschlüsse verfügt. Im ganzen Gebäude gibt es zudem kostenloses WLAN.

### Liverpool-Apps

> **Merseyrail:** offizielle App des Verkehrsverbunds für alle, die mit Bahn und Bus in der Region unterwegs sind (kostenlos für Android und iOS)

> **ThIS Liverpool:** Einkaufsführer mit Adressen von vielen Hundert Geschäften und Restaurants der Stadt (kostenlos für Android und iOS)

> **Beatles Radio:** App für alle Beatles-Fans, die Beatles-Programme von Radiosendern sammeln (kostenlos für Android und iOS)

> **Liverpool Echo:** App der einzigen Liverpooler Tageszeitung mit Veranstaltungstipps und Lokalnachrichten (kostenlos für Android und iOS)

## Die Stadt im Internet

> **www.visitliverpool.com:** offizielle Website des Fremdenverkehrsamtes – eine gute Quelle, um sich einen ersten Eindruck vom touristischen Angebot der Stadt zu verschaffen. Unter der Rubrik „What's on" gibt es einen Veranstaltungskalender, in dem man sich über die aktuellen Veranstaltungen informieren kann.

> **https://archive.li/liverpoolworldheritage.com:** eine informative und ausführliche Darstellung des Weltkulturerbes in Liverpool. Viele Infoseiten beschreiben die Geschichte der rund 100 wichtigsten Gebäude.

> **www.merseytravel.gov.uk:** aktuelle Informationen zum Nahverkehr in der Region für alle, die auf Bus, Bahn oder Fähren angewiesen sind

> **www.artinliverpool.com:** eine reich bebilderte Website für alle Kulturinteressierten, die viele aktuelle Informationen zur Kunst- und Kulturszene am Mersey bietet

> **www.liverpool.gov.uk:** offizielle Website der Stadtverwaltung mit vielen hundert Seiten zum Stadtleben

> **www.bbc.co.uk/liverpool:** Seiten der regionalen BBC-Redaktion

> **www.liverpool.com:** kommerzielle Website der örtlichen Tageszeitung mit Musik- und Ausgehtipps, aktuellen Theater- und Museumsnews, Essens- und Gesundheitsratschlägen

> **www.liverpool.ac.uk:** offizielle Website der Universität Liverpool mit vielen interessanten Artikeln zu neuesten Forschungen

## Publikationen und Medien

Liverpool hat seit 2014 nur noch eine Tageszeitung, das „Liverpool Echo", das auch eine Online-Redaktion unterhält:

> www.liverpoolecho.co.uk

Die **BBC** strahlt seit 1967 ein eigenes Regionalprogramm aus: Radio Merseyside (www.bbb.co.uk/radio-merseyside). Außerdem gibt es eine Reihe weiterer Lokalsender.

# Internet

Im Internet zu surfen bereitet in Liverpool keine Probleme. Alle Hotels und ein Großteil der Cafés, Restaurants und Bars verfügen über **WLAN, fast immer kostenlos.**

Auch viele Museen verfügen über ein kostenloses WLAN-Netz. Sogar im Stadion an der Anfield Road ㉔, der Spielstätte des Liverpool FC, gibt es für alle Fußballfans ein drahtloses Netzwerk.

Zum Nulltarif stehen in allen öffentlichen **Bibliotheken** (s. S. 114) Computer zur Verfügung, die man eine Stunde kostenlos nutzen darf. Auch in vielen **Einkaufszentren** finden sich öffentlich zugängliche Internetanschlüsse.

# Maße und Gewichte

Auch wenn in England offiziell das metrische System gilt: Entfernungen und Flüssigkeitsmengen misst man hier noch immer in Meilen oder Pints. Auch andere alte Maßeinheiten findet man vielerorts vor. Hier eine Aufstellung der Wichtigsten:

> 1 inch (in) = 2,54 cm
> 1 foot (ft) = 30,48 cm
> 1 yard = 91,44 cm
> 1 mile = 1,61 km
> 1 acre = 0,4 ha
> 1 pint = 0,57 l
> 1 gallon = 4,55 l
> 1 ounce (oz) = 28,35 g
> 1 pound (lb) = 453 g

## Konfektionsgrößen D – GB

| Damen | | Herren | |
|---|---|---|---|
| 36 | 10 | 46 | 36 |
| 38 | 12 | 48 | 38 |
| 40 | 14 | 50 | 40 |
| 42 | 16 | 52 | 42 |
| 44 | 18 | 54 | 44 |
| 46 | 20 | 56 | 46 |
| 48 | 22 | | |
| 50 | 24 | | |

**Schuhe**

| | |
|---|---|
| 36 | 3–3,5 |
| 37 | 4–4,5 |
| 38 | 5–5,5 |
| 39 | 5,5–6 |
| 40 | 6,5–7 |
| 41 | 7–7,5 |
| 42 | 7,5–8 |
| 43 | 8,5–9 |
| 44 | 9,5–10 |
| 45 | 10–10,5 |
| 46 | 11–11,5 |

# Medizinische Versorgung

Das staatliche britische Gesundheitssystem wurde immer wieder gescholten. Dennoch ist es meist besser als sein Ruf. In den großen Universitätskliniken finden sich zudem immer wieder deutschsprachige Ärzte. Der staatliche Gesundheitsdienst, **National Health Service (NHS)**, bietet allen ausländischen Besuchern eine kostenlose ambulante Notfallbehandlung sowohl bei niedergelassenen Ärzten als auch in den Unfallstationen der Krankenhäuser. Notaufnahmen werden „Accident and Emergency" (A & E) genannt.

Neben den Kliniken gibt es sogenannte „Health Centre", in denen sich mehrere Ärzte zusammengeschlossen haben. „Walk-In Centre" stehen fast rund um die Uhr für alle leichteren Beschwerden wie Durchfall oder Erkältung offen. Rezepte und stationäre Behandlungen müssen vor Ort bezahlt werden, es sei denn, man führt eine europäische Krankenversicherungskarte mit. Oft ist es ratsam, vor dem Reiseantritt eine **Reisekrankenversicherung** abzuschließen, welche die Kosten einer Privatbehandlung und ggf. den Rücktransport übernimmt.

✪118 [N9] **Royal Liverpool University Hospital**, Prescot Street, Liverpool L7 8XP, Tel. 0151 7062051, www.rlbuht.nhs.uk. Gut ausgestattete Universitätsklinik für alle Fälle, rund um die Uhr geöffnet.

✪119 [K11] **Liverpool City NHS Walk-In**, 6 David Lewis Street, Tel. 0151 2476500, Mo.–Fr. 7–22 Uhr, Wochenende und feiertags 9–22 Uhr. Anlaufstelle bei leichten Schmerzen und Gesundheitsproblemen wie Erkältung, Schnittwunden, Übelkeit.

✪120 [N10] **Royal Liverpool University Dental Hospital**, Pembroke Place, Liverpool L3 5PS, Tel. 0151 7062000, Mo.–Fr. 8.15–17 Uhr. Behandelt werden nur schwere Zahnverletzungen.

Die unter der Bezeichnung „Dispensing Chemist" oder „Pharmacy" geführten **Apotheken** werden nicht immer von einem ausgebildeten Apotheker geführt. Fachmännische Beratung bekommt man gewöhnlich bei Boot's – etwa im Clayton Square Shopping Center (s. S. 79, Mo.–Sa. 8.15–19, So. 11–17 Uhr):
❯ www.boots.com

Nicht rezeptpflichtige Arzneimittel wie Aspirin oder Vitamintabletten erhält man meist auch im Supermarkt.

# Mit Kindern unterwegs

Fast alle Kultureinrichtungen, von den großen Museen bis hin zu den Kirchen, haben sich **pädagogisch auf die jungen Gäste eingestellt**. So hat die Walker Art Gallery ⑫ eine eigene Kinderabteilung, wo die Jüngsten unter fachlicher Aufsicht spielen und werkeln können.

„Little Liverpool" heißt das Angebot für die unter Sechsjährigen im **Museum of Liverpool** ❸. Andere Ausstellungshäuser laden hin und wieder zu Rollenspielen, bei denen sich Kinder verkleiden können. Allerdings sind die Veranstaltungen alle in englischer Sprache!

Für jüngere Liverpoolbesucher ist das **Kletterzentrum** Awesome Walls Centre (s. S. 120) einen Abstecher wert. Hier lernt man unter fachkundiger Führung, mit Kraft und Geschick steilstes Gelände zu überwinden.

Skater sind in einer der größten Skate-Anlagen Großbritanniens richtig, dem **Rampworx Skatepark** (s. S. 121) im Stadtteil Netherton. Und die Rennfahrer von morgen können bei **Teamsport Go Karting** schon mal üben.

● **121** [L17] **Teamsport Go Karting**, 182 Sefton Street, Liverpool L3 4BQ, Tel. 0844 9980000, www.team-sport.co.uk/go-karting-liverpool, tgl. 9–23 Uhr

Die interessantesten Kinderattraktionen finden sich jedoch außerhalb der Stadt. So etwa der **Knowsley Safari-Park** ❸⓪ in Prescot, wo Besucher Elefanten, Erdmännchen, Nashörner und Löwen bei einer Rundfahrt vom eigenen Auto aus in Aktion beobachten können.

Im **Blue Planet Aqarium** ❷❾ werden die Jüngsten zum Füttern der Fischotter geladen und können einen gan-

zen Tag lang einen der Tierpfleger begleiten.

Karussells und Fahrgeschäfte, eine Miniatureisenbahn (www.southportmodelrailwayvillage.co.uk) und einer der größten Aqua-Parks (www.splashworldsouthport.com) im englischen Nordwesten locken im **Badeort Southport** ❸❷.

▱ *Riesenspaß im Riesenrad (s. S. 21) vor der Echo Arena*

076ip Abb.: gs

# Notfälle

Bei Unfällen ruft man die **landesweite Notrufnummer Tel. 999.** Dieser allgemeine Notruf gilt sowohl für Polizei (police) als auch für Feuerwehr (fire brigade) und Krankentransport (ambulance). Anrufe sind kostenfrei. Inzwischen kann man aber auch die **europaweite Notrufnummer 112** wählen!

## Kartenverlust

Bei **Verlust der Debit-(EC-)** oder der **Kreditkarte** gibt es für Kartensperrungen eine **deutsche Zentralnummer** (unbedingt vor der Reise klären, ob die eigene Bank diesem Notrufsystem angeschlossen ist). **Aber Achtung:** Mit der telefonischen Sperrung sind die Karten zwar für die Bezahlung/Geldabhebung mit der PIN gesperrt, nicht jedoch für das **Lastschriftverfahren mit Unterschrift.** Man sollte daher auf jeden Fall den Verlust zusätzlich **bei der Polizei zur Anzeige bringen,** um gegebenenfalls auftretende Ansprüche zurückweisen zu können.

In **Österreich** und der **Schweiz** gibt es keine zentrale Sperrnummer, daher sollten sich Besitzer von in diesen Ländern ausgestellten Debit-(EC-) oder Kreditkarten vor der Abreise bei ihrem Kreditinstitut über den zuständigen Sperrnotruf informieren.

Generell sollte man sich immer die **wichtigsten Daten** wie Kartennummer und Ausstellungsdatum **separat notieren,** da diese unter Umständen abgefragt werden.

> **Deutscher Sperrnotruf:**
> Tel. +49 116116 oder
> Tel. +49 3040504050

> **Weitere Infos:** www.kartensicherheit.de, www.sperr-notruf.de

# Öffnungszeiten

> **Geschäfte:** Mo.–Sa. 10–18 Uhr (Kernzeit), So. 11–17 Uhr
> **Banken:** Mo.–Fr. 9.30–16.30 Uhr, Sa. 9–12.30 Uhr
> **Museen:** tgl. 10–17.30 Uhr

# Post

Das **Auslandsporto** für Postkarten und Briefe bis 20 Gramm beträgt 1 Pfund. Die passenden Briefmarkenhefte sind auch in Läden erhältlich, die mit „Stamps sold here" für ihr Angebot werben. Die Sendungen sind in der Regel drei bis fünf Tage unterwegs.

> **Post Office im Liverpool One ⑮,** 1st Floor WHSmith, 1-3 South John Street, Liverpool L1 8BN, Tel. 0151 7076606, Mo.–Sa. 9–17.30, So. 11–15 Uhr

# Radfahren

Liverpool ist eine radfahrerfreundliche Stadt. In den letzten Jahren hat sich die **Zahl der Radwege verdoppelt,** überall wurden neue Radabstellplätze geschaffen.

Fahrräder können in Zügen und auf den Mersey-Fähren – sofern Platz ist – außerhalb der werktäglichen Spitzenzeiten (6.30–9.30 und 16.30–18 Uhr) problemlos mitgenommen werden.

Im Internet bietet die Region kostenlose Radkarten (maps) und Tourenvorschläge.

Leihräder vermittelt **City Bike Liverpool** mit ihren rund 150 Stationen (s. Extratipp Seite 119). An zahlreichen Bahnhöfen kann man Räder der Firma **Bike & Go** (www.bikeandgo.co.uk) ausleihen.

## City Bike Liverpool

Gut 1000 Räder stehen an rund 150 Stationen rund um die Uhr für Radler bereit. Ihre Nutzung kostet mindestens 3 £ pro Tag oder 9 £ pro Woche. In diesem Grundpreis ist die notwendige Tages-(1 £) oder Wochenmitgliedschaft (5 £) eingeschlossen. Dazu kommt der Mietpreis von 1 £ pro Stunde (maximal 10 £ pro Tag).

Nach der Registrierung auf der Website, wo man im Voraus per Kreditkarte bezahlt, erhält man per E-Mail oder SMS eine PIN, mit der man dann ein Rad leihen kann. Mithilfe der PIN gibt man das Rad auch wieder ab. Im Internet lässt sich zudem verfolgen, wo noch Räder zu haben sind.

> www.citybikeliverpool.co.uk

148lp Abb.: gs

# Sicherheit

Liverpool gehört **zu Englands sicheren Städten,** auch wenn immer wieder brutale Morde weltweit Schlagzeilen machen. Die Kriminalitätszahlen sind insgesamt zwar leicht gestiegen, die Zahl der schweren Gewalttaten in den letzten Jahren aber zurückgegangen. Das liegt auch an „Citysafe", einem kommunalen Vorbeugungsprogramm, bei dem Polizei, Feuerwehr, Gesundheits- und Verkehrsbehörden mit privaten Organisationen zusammenarbeiten. Es dient vor allem der Drogenbekämpfung und der damit verbundenen Beschaffungskriminalität. Probleme bereiten hin und wieder **jugendliche Rowdies,** die unter Alkoholeinfluss randalieren oder Schlägereien anzetteln.

Krawallmachern, die vor allem nach Schluss der Diskotheken und Klubs in den Vergnügungsvierteln unterwegs sind, gilt es grundsätzlich aus dem Weg zu gehen. Auch sollte man sich nie auf Drogengeschäfte einlassen.

Grundsätzlich gilt: Keine Gegenstände im Auto zurücklassen! Auf Großveranstaltungen oder im Einkaufsgedränge in den Shopping Malls sollte man sich zudem vor **Taschendieben** hüten. Besondere Vorsicht ist insbesondere freitag- und samstagabends in den Vergnügungsvierteln geboten.

Auch in Stadtteilen wie Croxteth, Everton oder Anfield sollte man bei Dunkelheit – ebenso wie in Parkanlagen – nicht alleine unterwegs sein. Vermeiden sollten Sie abends auch leere Abteile in Zügen oder nicht zugelassene Taxen.

Wenn Sie den Eindruck haben, verfolgt zu werden, suchen Sie den nächsten öffentlichen Platz auf und bitten um Hilfe. Tragen Sie auf keinen Fall teuren Schmuck, Fotos oder Handys zur Schau!

# Sport und Erholung

**Liverpool Leisure Centres** nennen sich die städtischen Freizeiteinrichtungen wie Schwimmbäder, Saunas, Turn- oder Gymnastikhallen. Dort lassen sich fast alle Arten von Sport wie Basketball, Karate, Aerobic, Schwimmen, Trampolinspringen, Boxen oder Tai Chi treiben.

Über die genauen Öffnungszeiten und Eintrittspreise informiert der folgende Internetauftritt:

> www.liverpool.gov.uk/lifestyles

## Fitness

**S122** [K10] **Lifestyles Millennium Gym,** Millenium House, 60 Victoria Street, Liverpool L1 6JD, Tel. 0151 2335433, Mo.–Do. 6.30–21, Fr. 6.30–20, Sa./So. 9–16 Uhr. Gut ausgestattetes Fitnesszentrum in der Stadtmitte.

---

**EXTRATIPP**

### Awesome Walls – Klettern in der Kirche

Lust auf Klettern? Kein Problem in Liverpool, besuchen Sie einfach die St. Albans Church. Eine Kirche? Tatsächlich, im Inneren des Sakralbaus befindet sich heute einer der größten Klettergärten Englands mit Hunderten von Routen aller Schwierigkeitsgrade.

Auch für die kleinen Besucher ist die Kirche interessant: Für Kinder gibt es eigene Routen, auf denen sie von erfahrenen Kletterkünstlern begleitet werden.

**S126** [I6] **Awesome Walls Centre in der St. Albans Church,** Athol Street/Great Howard Street, Liverpool L5 9TN, Tel. 0151 2982422, www.awesomewalls.co.uk, tgl. 10–20 Uhr, Eintritt: 8,50 £, Kinder 7,50 £, Ausrüstung kann geliehen werden, privater Kletterkurs ab 30 £

---

## Reiten

**S123** Grand National Experience Aintree Racecourse, Ormskirk Road, Aintree, Liverpool L9 5AS, Tickets: Tel. 0844 5793001, Bahnstation: Aintree Station (ab Liverpool Central). Vor den Toren der Stadt findet sich mit Aintree eine der spektakulärsten Pferderennbahnen der Welt. Millionen Fernsehzuschauer verfolgen jährlich den **Grand National Steeplechase,** den traditionellen Hindernislauf im Liverpooler Hinterland. Wegen seiner Anforderungen an die Pferde – Aintrees Massenstürze sind berüchtigt – ist die Veranstaltung unter Tierschützern allerdings sehr umstritten. Wer sich für Pferdesport interessiert, kann die Anlage fast das ganze Jahr über besuchen.

## Golf

Merseyside gilt als Englands Golf-Metropole, finden sich doch in keiner anderen Gegend so viele meisterschaftstaugliche Anlagen. **Royal Birkdale** und **Royal Liverpool** sind die Flaggschiffe britischen Golfsports, Anlagen mit Weltniveau. Wer preiswertere und einfachere Plätze sucht, sollte die Website www.liverpool.gov.uk/lifestyles zurate ziehen.

**S124** Royal Birkdale Golf Club, Waterloo Road, Southport PR8 2LX, Tel. 01704 552020, www.royalbirkdale.com. Der 1889 gegründete Klub gilt als eine der ersten Adressen Englands. Hier können Besucher mit entsprechendem Handicap-Zertifikat auf dem 18-Loch-Platz eine Runde drehen (ab 165 £, nur nach Voranmeldung, auch online).

**S125** Royal Liverpool Golf Club, Meols Drive, Hoylake, Wirral CH47 4AL, Tel. 0151 6323101, www.royal-liverpool-golf.com. Auch hier sind Gäste gern gesehen. Die Kosten pro Runde liegen zwischen 90 und 185 £.

## Segeln

Liverpools Jachtklub, untergebracht im **Marina und Harbourside Club**, organisiert an vielen Wochenenden kleine oder große Rennen, Kurztrips auch auf die Isle of Man oder nach Schottland.

**S127** [J14] Liverpool Marina, Coburg Wharf, Sefton Street, Liverpool L3 4BP, Tel. 0151 7076777, www.liverpool marina.com

## Skaten

**S128** Rampworx Skatepark, 1–3 Leckwith Road, Liverpool L30 6UE, www.ramp worx.com, Tel. 0151 5301500, Di.–Fr. 16–22, Sa.–So 10.30–19 Uhr, Eintritt: 6.50–8.50 £. Englands größter Skatepark im Norden Liverpools mit großem Skateshop. Parcours für Anfänger und Fortgeschrittene, Helmpflicht.

☐ *City-Sightseeing-Busse: die bequemste Art der Stadterkundung*

## Wassersport

Wassersportler kommen nördlich von Liverpool auf ihre Kosten. Segler und Drachenbootfahrer fühlen sich hier ebenso aufgehoben wie Windsurfer und Kanuten. Außerdem gibt es eine Fitnessanlage samt Bar und Bistro.

**S129** Crosby Lakeside Adventure Center, Crosby Coastal Park, Waterloo L22 1RR, Tel. 0151 9666868, www.crosbylake side.co.uk

# Stadttouren

„Hop On – Hop Off" („Auf- und Abspringen") lautet das Motto bei **Liverpool City Explorer**. Gereist wird in einem oben offenen Doppeldecker-Bus, der in der Nähe der meisten Sehenswürdigkeiten Halt macht. An jeder Station kann man ein- und aussteigen, denn das einmal gelöste Ticket ist für 24 Stunden gültig. Start ist am Albert Dock ❶, Ziel die Echo-Arena. Zu den Haltepunkten gehören u.a. das Pier Head ❹, Liver-

pool Cathedral **16**, Cavern Quarter **8** und das Einkaufszentrum Liverpool One **15**. Die erste Tour startet um 10, die letzte um 16.30 Uhr.

> www.cityexplorerliverpool.co.uk,
> Tel. 0151 9332324, Fahrpreis: 11 £,
> Kinder 6 £

Etwas abenteuerlich ist eine Tour durch den 1934 eröffneten **Queensway-Tunnel**, der Liverpool mit Birkenhead verbindet. Die denkmalgeschützte Mersey-Unterquerung, die immer wieder als Kulisse populärer Filme wie „Harry Potter" dient, kann im Rahmen geführter, aber anstrengender Touren mit zahllosen Treppenstufen besichtigt werden

> www.merseytravel.gov.uk →Promotions
> & Attractions, Tel. 0151 3304504,
> Di.–Do. 17 Uhr, Sa. 10 Uhr, 6 £, ab 10
> Jahren

## Ausgezeichnete Führungen

Mit den Titeln **Green oder Blue Badge Guide** schmücken sich speziell ausgebildete Reiseführer mit sehr hoher Qualifikation. Sie alle haben eine Prüfung abgelegt und gelten als Fachleute auf ihrem Gebiet, wobei die Blue Badge Guides einen höheren Status genießen und unter Umständen auch besser bezahlt sind.

In Liverpool bieten die Blue Badge Guides Führungen auf den Spuren der Beatles oder des Weltkulturerbes an, begleiten durch Museen und Kathedralen oder auf dem Weg durch Chinatown. Einige haben auch Spezialführungen wie Touren durch die zum Weltkulturerbe gehörenden „Drei Grazien" am Pier Head **4** oder Spaziergänge durchs Theaterviertel im Programm.

> Weitere Infos: www.liverpoolcitywalks.
> com, https://liverpooltgs.weebly.com

# Telefonieren

**Öffentliche Telefonzellen** gibt es kaum noch, weil fast jeder inzwischen ein **Mobiltelefon** hat. Seit Mitte 2017 gibt es **in der EU keine Roaming-Gebühren** mehr. Damit wird das Telefonieren und Surfen mit dem Handy im EU-Ausland so günstig wie zu Hause – es sei denn, man nutzt das Handy im Ausland über einen längeren Zeitraum hinweg, dann können je nach Anbieter Nutzungsobergrenzen gelten. Inwiefern sich diese Regelung mit dem Brexit ändert, ist zurzeit noch nicht absehbar.

Bei längerem Aufenthalt oder vermehrtem Gesprächsbedarf kann man über die Anschaffung einer britischen Prepaid-SIM-Karte nachdenken – vorausgesetzt, man verfügt über ein SIM-Lock-freies Handy.

Übrigens: So englisch das Wort „Handy" auch immer klingen mag, der Brite nennt sein Mobiltelefon lieber weiterhin *mobile* oder *mobile phone*. Der Begriff „handy" bedeutet nämlich übersetzt „praktisch", „handlich" beziehungsweise „geschickt".

# Trinkgeld

Engländer geben **Taxifahrern** kaum Trinkgeld, es gehört aber für Touristen zum guten Ton, den Betrag aufzurunden oder 10 % Trinkgeld zu geben. In **Restaurants** sollte man dar-

**EXTRAINFO**

### Vorwahlnummern

> nach Deutschland: 0049
> nach Österreich: 0043
> in die Schweiz: 0041
> nach Großbritannien: 0044
> Liverpool: 0151

auf achten, ob die *service charge* auf der Rechnung ausgewiesen ist. Wenn nicht, sollte man 10 bis 15 % des Endpreises auf dem Tisch liegen lassen. In **Pubs** gibt es häufig eine Trinkgeldbox an der Theke. Auch das Servicepersonal im **Hotel** freut sich, wenn man seine Arbeit mit ein paar Pfund würdigt.

## Uhrzeit

In Großbritannien gilt die Greenwich Mean Time im Winter, die British Summer Time im Sommer. Das entspricht unserer mitteleuropäischen Zeit **minus einer Stunde.**

Man muss sich als Urlauber auch daran gewöhnen, dass in England, außer im Flug- und Bahnverkehr, statt der 24-Stunden-Zeiteinteilung eine 12-Stunden-Zählung gilt. Um die Zeit dennoch korrekt fixieren zu können, verwendet man den Zusatz a.m. (ante meridiem) für die Zeit zwischen Mitternacht und Mittag, den Zusatz p.m. (post meridiem) für die Spanne zwischen Mittag und Mitternacht. 15.28 Uhr heißt traditionell englisch also 3.28 pm.

Flug-, Bus- und Bahnfahrpläne sind allerdings meist schon im 24-Stunden-Format angegeben.

## Unterkunft

### Allgemeines

Noch vor gut einem Jahrzehnt war es um Liverpools Hotelgewerbe nicht gut bestellt. Seitdem hat sich die Zahl der Betten in der Stadt mehr als verdoppelt. Inzwischen gibt es mehr als 6500 Betten in mehr als hundert Hotels, Jugendherbergen, Hostels und Bed-and-Breakfast-Quartieren in und

außerhalb der Stadt. Trotzdem sind die Zimmer am Wochenende zu fast 90 Prozent ausgelastet, was man deutlich an den Preisen spürt.

**Jugendhotels und Backpacker-Quartiere**, in denen man oft nach Geschlechtern getrennt untergebracht ist, sind neben Bed and Breakfast die billigste Art, Urlaub zu machen.

Wer es ruhiger, aber nicht weniger stilvoll als in der Liverpooler Innenstadt mag, ist auf der anderen Seite des Mersey, in Wirral, gut aufgehoben. Dort locken eine Reihe kleiner Hotels, die auf eine lange Tradition zurückblicken können. Und über ein großes Hotelangebot verfügt auch das benachbarte Städtchen Southport, das vor allem im Sommer eine Unterkunftsalternative zu Liverpool sein kann.

**Achtung:** Da Liverpool zu manchen Zeiten unter der Woche inzwischen ein Überangebot an Betten hat, kann es sich lohnen, zu handeln oder auf den Websites der Hotels nach preiswerten Angeboten zu suchen. Manchmal liefern auch Online-Hotelsuchmaschinen günstige Übernachtungsangebote.

### Unterkunftsempfehlungen

🏨 **130** [I11] **30 James Street** ₤₤₤, 30 James Street, Liverpool, Tel. 0151 2360166, www.rmstitanichotel.co.uk. **Wohnen wie auf der Titanic:** Themenhotel im ehemaligen Schifffahrtsbüro der White Star Line, in deren Diensten auch die Titanic stand. In Erinnerung daran sind die Zimmer zum Teil den Luxuskabinen des Schiffs nachgebildet.

🏨 **131** [J10] **Aloft Liverpool** ₤-₤₤, 1 North John Street, Liverpool L2 5QW, Tel. 0151 2943970, www.aloftliverpool. com. **Übernachten mit Hund:** modernes Haus in einem alten Versicherungsgebäude im Kulturerbeviertel. Fitnesscenter und gelegentlich Livekonzerte. Eigene Hundebetten.

🏨**132** [H10] **Crowne Plaza Liverpool** ££, St. Nicholas Place, Princes Dock, Pier Head, Liverpool L3 1QW, Tel. 0151 2438000, www.crowneplaza.com/liverpooluk. **Wohnen am Mersey-Ufer:** schön und ruhig gelegene Herberge mit eigenem Parkplatz gegenüber dem Royal Liver Building.

🏨**133** [J10] **Euro Hostel Liverpool** £, 54 Stanley Street, Liverpool L1 6AU, Tel. 08454 900971, www.eurohostels.co.uk. **Preiswert wohnen im Vergnügungsviertel:** 6- und 8-Bett-Zimmer, darunter reine Frauenzimmer und Suiten.

🏨**134** [J10] **Hard Days Night Hotel** ££-£££, North John Street, Liverpool L2 6RR, www.harddaysnighthotel.com, Tel. 0151 2361964. **Für Beatles-Fans:** elegantes Boutiquehotel in einem denkmalgeschützten Haus im Cavern Quarter. Fast jedes der 110 Zimmer schmücken Bilder von Mike McCartney, dem Bruder Paul McCartneys.

### Buchungsportale

Neben Buchungsportalen für **Hotels** (z. B. www.booking.com, www.hrs.de oder www.trivago.de) bzw. für **Hostels** (z. B. www.hostelworld.de oder www.hostelbookers.de) gibt es auch Anbieter, bei denen man **Privatunterkünfte** buchen kann. Portale wie www.airbnb.de, www.wimdu.de oder www.9flats.com vermitteln Wohnungen, Zimmer oder auch nur einen Schlafplatz auf einer Couch. Diese oft recht günstigen Übernachtungsmöglichkeiten sind nicht unumstritten, weil manchmal normale Wohnungen gewerblich missbraucht werden. Einige Städte greifen deshalb regulierend ein.

## Preiskategorien

| | |
|---|---|
| £ | bis 70 £ |
| ££ | bis 115 £ |
| £££ | ab 115 £ |

(Preis für ein Doppelzimmer pro Nacht)

🏨**135** [I10] **Hotel Indigo Liverpool** ££, 10 Chapel Street, Liverpool L3 9AG, Tel. 0151 5590111, www.hotelindigoliverpool.co.uk. **Stylishe Herberge im alten Bankenviertel:** 151 Zimmer mit Regenduschen und iPod-Docking-Stationen. Ideal für Junge und Junggebliebene.

🏨**136** [M11] **International Inn Cocoon** £, 4 South Hunter Street, Liverpool L1 9JG, www.cocoonliverpool.co.uk, Tel. 0151 7098135. **Klein, aber fein:** beliebtes Hostel mit 32 einfachen Zimmern in einem alten viktorianischen Warenhaus.

🏨**137** [K10] **Marriott Hotel City Center** £££, One Queen Square, Liverpool L1 1RH, Tel.0151 4768000, www.marriott.de. **Zentral gelegen:** 4-Sterne-Hotel in Fußweite zum Bahnhof. Neu renovierte, meist Nichtraucher-Zimmer mit großen Flachbildschirmen. Hoteleigener Parkplatz!

🏨**138** [I10] **Mercure Liverpool Atlantic Tower Hotel** £-££, Chapel Street, Liverpool L3 9RE, Tel. 0871 3769025, www.mercure.com. **Wohnen mit Aussicht:** Hochhaus mit schönen Zimmern, die zum Teil einen einmaligen Ausblick auf den Mersey bieten – je höher man wohnt, desto besser.

🏨**139** [I12] **Premier Inn Liverpool Albert Dock** £, East Britannia Building, Albert Dock, Liverpool L3 4AD, Tel. 0871 5278622, www.premierinn.com. **Einfach wohnen im Albert Dock:** Die schönsten Zimmer bieten einen Blick auf die Hafenanlagen. Zweckmäßig ausgestattet, gutes Preis-Leistungs-Verhältnis.

**140** [H6] **Titanic Hotel** ££-£££, Stanley Dock, Regent Road, Liverpool L3 OAN, Tel. 0151 5591444, www.titanichotelliverpool.com. **Zum Verwöhnen:** viel gelobtes Hotel in einem ehemaligen Warenhaus. Luxuriöses Spa und großes Restaurant.

**141** [J12] **Yellow Submarine Apartment Boat** £££, Salthouse Dock, Liverpool L3 4AD, Tel. 0788 5295413, www.yellowsubliverpool.co.uk. **Für alle Bootsfreunde:** Das Apartment-Schiffchen hat drei Schlafgelegenheiten für insgesamt bis zu sechs Personen, WLAN und eine Dusche. Es wurde einst für den Film „Jagd auf Roter Oktober" mit Sean Connery in der Hauptrolle gefertigt.

## Camping

**142** **Church Farm Caravan Site,** Church Lane, Thurstaston, Wirral CH16 OHW, www.churchfarm.org.uk, Tel. 0151 6487838. Der auf einem Bio-Bauernhof gelegene Platz nimmt nur Caravans und keine Zelter. Vorausbuchung nötig.

**143** **Willowbank Holiday Home & Touring Park,** Coastal Road, Ainsdale, Southport PR8 3ST, www.willowbankcp.co.uk, Tel. 0170 4571566. Sehr gut ausgestattete Anlage südlich von Southport mit 54 Abstellplätzen, Waschmaschine und Geschirrspüler.

# Verkehrsmittel

**Mersey Travel** ist der Dachverband der in der Region operierenden Nahverkehrs-Betriebe. Dazu gehören die Metro, alle Busse und die Mersey-Fähren.

## Tickets und Fahrpläne

**Fahrpläne** gibt es zum Beispiel in den beiden großen Busbahnhöfen Queen Square [K10] und Liverpool One (1 Canning Place [J11]). **Tickets** erhält man an allen Bahnhöfen, aber auch bei den Busfahrern (möglichst gegen abgezähltes Geld).

### Zum Verwöhnen

In der eleganten Hope Street befindet sich eines der besten privat geführten Hotels der Stadt. Seine Gäste sind nicht nur Musiker, Schauspieler und Künstler wie Meryl Streep oder Yoko Ono, sondern auch Jürgen Klopp mit den Spielern des Liverpool FC. 151 Zimmer mit 4-Sterne-Komfort gehören zur Ausstattung des Hauses gegenüber der Philharmonic Hall – dazu das Hotelrestaurant **The London Carriage Works**, das auch als Frühstücksraum dient.

**144** [M12] **Hope Street Hotel** ££-£££, 40 Hope Street, Liverpool L1 9DA, Tel. 0151 7093000, www.hopestreethotel.co.uk

149lp Abb.: gs

**Entwertet** werden die Karten im Bus an speziellen Kartenlesegeräten, die mit grünem Licht freie Fahrt signalisieren. Züge betritt man über Zugangssperren auf den Bahnhöfen, die ebenfalls Karten lesen können. Und bei den Fähren erhält man nach Vorzeigen seines Tickets eine Bordkarte.

Das **Tarifsystem** ist nicht ganz einfach zu verstehen und in Streckenabschnitte gegliedert. So gibt es in der Großregion **verschiedene „Areas" mit unterschiedlichsten Tarifzonen.**

Wenn man hauptsächlich mit dem **Bus** unterwegs ist, kauft man am besten ein sogenanntes **Solo Ticket.** Ein Tagesticket kostet 4,70 £, für drei Tage zahlt man 13,50 £ und für fünf Tage 21 £. Beim Erstkauf fällt noch eine Gebühr von einem Pfund für die Aktivierung der Karte an.

Für die Nutzung von **Bus, Bahn und Fähren** gibt es sogenannte **Trio Ti**ckets, die es allerdings nur als Wochenkarten gibt (ab 18 £ für eine Tarifzone).

Am besten sind Reisende, die auch Züge und Fähren (nur reguläre Verbindungen) nutzen wollen, mit einem **Saveaway-Tagesticket** bedient, das für die Nutzung in und um Liverpool je nach Tarifzone zwischen 3,90 und 5.20 £ kostet. Einziger Nachteil ist, dass es aus Rücksicht auf den Berufsverkehr werktags zwischen 6.31 und 9.29 Uhr nicht genutzt werden darf.

Für alle **unter 18 Jahren** gibt es zudem ein in der ganzen Stadt gültiges Ganztagesticket („My Ticket") für 2,20 £. Sollte man länger in Liverpool sein und sich z. B. für ein personalisiertes **Monatstickets** entscheiden, benötigt man ein Lichtbild.

Alle Infos zu Verbindungen und Preisen finden sich auf der Website von Mersey Travel.

## Bitte beachten!

❯ *„Queuing", zu Deutsch Schlangestehen, ist das Gegenteil von Drängeln und eine der schönsten Sitten auf der Insel. So bilden die Engländer an öffentlichen Haltestellen und Kassen, vor Kinos, Museen und Konzerthallen, in Geschäften oder auch beim Besuch von Restaurants, kurz überall, wo größerer Andrang herrscht, gewöhnlich eine Schlange. Statistiker haben ausgerechnet, dass so jeder Einheimische jährlich umgerechnet einen Tag Schlange stehen muss. Zwar wollen Soziologen festgestellt haben, dass die Bereitschaft, geduldig anzustehen, gerade unter jungen Leuten immer weiter abnimmt, diesem Trend sollte man aber nicht folgen.*

❯ *Busreisende in Liverpool sollten wissen, dass die Haltestellen weder angezeigt noch ausgerufen werden. Man sollte also vorher den Fahrer oder Mitreisende fragen, wann man aussteigen muss. An kleineren Haltestellen sollte man dem herannahenden Busfahrer mit Handzeichen zeigen, dass man mitfahren will. Zudem ist es ein Gebot der Höflichkeit zu respektieren, dass ein paar Plätze im Vorderteil jedes Busses für Behinderte und Ältere reserviert sind.*

❯ *Schwarzfahrern drohen saftige Geldbußen. Teuer wird es auch, wenn man mit den Füßen auf den Sitzen erwischt wird, unter Umständen droht sogar ein Prozess.*

> **Auskunft über Fahrzeiten und Preise:**
Tel. 0151 3301000 (Mo.–Fr. 8.30–17 Uhr), www.merseytravel.gov.uk

## Bahn – Metro

Die **Northern Line** verbindet die Stadt mit Kirkby, Southport, Ormskirk und Hunts Cross, die **Wirral Line** mit Ellesmere Port, New Brighton und Chester. Die **City Line** verkehrt unter anderem nach St. Helens, Preston und zum Flughafen Manchester.

Es gibt vier Bahnhöfe in der Innenstadt: Liverpool Central, Moorfields, James Street und Lime Street. Lime Street **13** ist zudem der Hauptbahnhof, von dem aus Liverpool unter anderem direkt an Manchester und London angebunden ist.

## Bus

Liverpool verfügt über ein **sehr dichtes Busnetz**, dessen Fahrzeuge inzwischen zu einem Teil mit WLAN ausgestattet sind. Die Zielorte und Nummern der Verbindungen sind auf der Frontseite der Busse angezeigt, die gewöhnlich, wie auch die Metro, zwischen 6 und 23 Uhr verkehren. Freitags und samstags gibt es auch zahlreiche Nachtbus-Verbindungen.

Im Allgemeinen erwarten die Fahrer, dass man das Fahrgeld abgezählt bereithält. Zum Aussteigen drückt man den Halteknopf.

## Schiff

Auf dem Mersey verkehren noch immer regelmäßig Fähren. Für Touristen sind die knapp einstündigen **Rundtouren** („River Explorer Cruises") gedacht, die werktags zwischen 10 und 16 Uhr, am Wochenende und Feiertags bis 18 Uhr auf dem Mersey operieren. Tickets für die Touren zwischen April und Oktober gibt es auch online (10 £). Der Winterfahrplan ist etwas abgespeckt.

> www.merseyferries.co.uk

*Schwarze Taxen kann man auch per Hand heranwinken*

## Taxi

Taxifahren in Liverpool ist **nicht zu teuer**. Jedes Fahrzeug hat einen Taxameter, der dem Fahrgast ständig den aktuellen Fahrpreis anzeigt. Im Stadtbereich betragen die Taxikosten umgerechnet je nach Streckenlänge zwischen 10 und 30 €. Feiertags und nachts (23–6 Uhr) kommen Zuschläge hinzu.

Grundsätzlich gibt es zwei Taxi-Arten: Zum einen die sogenannten „Hackney Cabs" oder **schwarzen Taxis,** die vor allem im Stadtzentrum unterwegs sind. Sie haben ihre festen Standplätze z. B. vor den Bahnhöfen, am Anfang der Mathew Street oder vor dem Adelphi Hotel und können per Handzeichen überall in der Stadt angehalten werden. Ihnen gegenüber stehen die **privaten Taxis,** die nicht angehalten werden dürfen und per Telefon bestellt werden müssen. In allen Taxis gilt absolutes Rauchverbot. Freitag- und samstagnachts nach 23 Uhr sind Taxen knapp, sodass es ratsam ist vorzubestellen.

❯ Größter Taxi-Anbieter mit rund 350 Fahrzeugen ist **ComCab,** Tel. 0151 2982222, www.comcab-liverpool.co.uk. Über eine App der Firma lassen sich Taxis auch vorbestellen.

# Wetter und Reisezeit

Liverpool ist zu jeder Jahreszeit eine Reise wert. Auf alle Fälle aber gehört **Regenkleidung** ins Reisegepäck, denn die Klimadaten weisen für die Stadt statistisch gesehen das ganze Jahr über Niederschläge aus. Die meisten feuchten Tage zählt man im Dezember und Januar, die wenigsten zwischen Februar und Juni. Schnee und Frost sind am Mersey sehr selten. Die durchschnittlichen Nachttemperaturen sind nur im Sommer zweistellig.

Mit durchschnittlich 20 °C ist es im Juli und August am wärmsten, mit 7–9 °C auch in den regenreichen Wintermonaten tagsüber relativ mild. Das Baden in der Irischen See ist nur etwas für Hartgesottene, erreichen die Wassertemperaturen doch kaum mehr als 15 °C.

Wegen des kulturellen Angebots und der großen Einkaufsmöglichkeiten ist Liverpool inzwischen ein Ganzjahresziel, auch wenn die meisten Touristen noch immer zwischen Ostern und dem Spätherbst kommen. Eng wird es an vielen Wochenenden und Feiertagen wie den Bank Holidays. **Wetterprognosen** finden sich unter:

❯ www.bbc.com/weather/2644210

| Durch-schnitt | **Wetter in Liverpool** | | | | | | | | | | | |
|---|---|---|---|---|---|---|---|---|---|---|---|---|
| **Maximale Temperatur** | 6° | 7° | 9° | 12° | 15° | 18° | 20° | 19° | 17° | 14° | 9° | 7° |
| **Minimale Temperatur** | 1° | 1° | 2° | 4° | 7° | 10° | 12° | 11° | 10° | 7° | 4° | 2° |
| **Regentage** | 15 | 13 | 11 | 10 | 11 | 10 | 12 | 11 | 11 | 13 | 15 | 15 |
| | Jan | Febr | März | Apr | Mai | Juni | Juli | Aug | Sept | Okt | Nov | Dez |

# ANHANG

# Kleine Sprachhilfe

Die folgenden Wörter und Redewendungen wurden dem Reisesprachführer „Englisch – Wort für Wort" (Kauderwelsch-Band 64) aus dem REISE KNOW-HOW Verlag entnommen.

## Häufig gebrauchte Wörter und Redewendungen

### Zahlen

| | | |
|---|---|---|
| 1 | (wann) | one |
| 2 | (tuh) | two |
| 3 | (ðrih) | three |
| 4 | (fohr) | four |
| 5 | (feiw) | five |
| 6 | (ßikß) | six |
| 7 | (ßäwèn) | seven |
| 8 | (äit) | eight |
| 9 | (nein) | nine |
| 10 | (tänn) | ten |
| 11 | (ihläwèn) | eleven |
| 12 | (twälw) | twelve |
| 13 | (ðörtihn) | thirteen |
| 14 | (fohrtihn) | fourteen |
| 15 | (fifftihn) | fifteen |
| 16 | (ßikßtihn) | sixteen |
| 17 | (ßäwèntihn) | seventeen |
| 18 | (äitihn) | eighteen |
| 19 | (neintihn) | nineteen |
| 20 | (twänntih) | twenty |
| 30 | (ðörtih) | thirty |
| 40 | (fohrtih) | forty |
| 50 | (fifftih) | fifty |
| 60 | (ßikßtih) | sixty |
| 70 | (ßäwèntih) | seventy |
| 80 | (äitih) | eighty |
| 90 | (neintih) | ninety |
| 100 | (hanndrid) | hundred |

### Die wichtigsten Zeitangaben

| | | |
|---|---|---|
| yesterday | (jäßtèrdäi) | gestern |
| today | (tuhdäi) | heute |
| tomorrow | (tuhmohrrou) | morgen |
| last week | (lahßt wihk) | letzte Woche |

| | | |
|---|---|---|
| in the morning | (in ðè mohrning) | morgens |
| in the afternoon | (in ðih_ ahftèrnuhn) | nachmittags |
| in the evening | (in ðih_ ihwèning) | abends |
| Sunday | (ßanndäi) | Sonntag |
| Monday | (manndäi) | Montag |
| Tuesday | (tjuhsdäi) | Dienstag |
| Wednesday | (wännsdäi) | Mittwoch |
| Thursday | (ðörsdäi) | Donnerstag |
| Friday | (freidäi) | Freitag |
| Saturday | (ßättèrdäi) | Samstag |

### Die wichtigsten Fragewörter

| | | |
|---|---|---|
| who? | (huh) | wer? |
| what? | (wott) | was? |
| where? | (wäèr) | wo?/wohin? |
| why? | (wei) | warum? |
| how? | (hau) | wie? |
| how much? | (hau matsch) | wie viel? (Menge) |
| how many? | (hau männih) | wie viele? (Anzahl) |
| when? | (wänn) | wann? |
| how long? | (hau long) | wie lange? |

### Die wichtigsten Richtungsangaben

| | | |
|---|---|---|
| on the right | (on ðè reit) | rechts |
| on the left | (on ðè läfft) | links |
| to the right | (tuh ðè reit) | nach rechts |
| to the left | (tuh ðè läfft) | nach links |
| turn right/left | (törn reit/läfft) | rechts/links abbiegen |
| straight on | (ßträjt on) | geradeaus |
| in front of | (in front_off) | gegenüber |
| outside | (autseid) | außerhalb |
| inside | (inseid) | innerhalb |
| here | (hi-èr) | hier |
| there | (ðäèr) | dort |
| up there | (ap ðäèr) | da oben |
| down there | (daun ðäèr) | da unten |
| nearby | (nihrbei) | nah, in der Nähe |
| far away | (fahr èwäi) | weit weg |
| around the corner | (raund ðè kohrnèr) | um die Ecke |

## Die wichtigsten Floskeln und Redewendungen

| | | |
|---|---|---|
| *yes* | (jäß) | ja |
| *no* | (nou) | nein |
| *thank you* | (öänk_juh) | danke |
| *please* | (plihs) | bitte |
| *Good morning!* | (gudd mohrning) | Guten Morgen! |
| *Good evening!* | (gudd ihwèning) | Guten Abend! |
| *Hello! / Hi!* | (hällou/hei) | Hallo! |
| *How are you?* | (hau ah juh) | Wie geht es Ihnen/dir? |
| *Fine, thank you.* | (fein öänk_juh) | Danke gut. |
| *Good bye!* | (gudd bei) | Auf Wiedersehen! |
| *Have a good day!* | (häw_è gudd däi) | Einen schönen Tag! |
| *I don't know.* | (ei dount nou) | Ich weiß nicht. |
| *Cheers* | (tschiers) | Prost! |
| *The bill, please!* | (öè bill plihs) | Die Rechnung, bitte! |
| *Congratulations!* | (kongrätuläischènß) | Glückwunsch! |
| *Excuse me!* | (ikßkjuhs mih) | Entschuldigung! |
| *I'm sorry.* | (eim ßorrih) | Tut mir leid! |
| *It doesn't matter.* | (itt dahsnt mättèr) | Das macht nichts. |
| *What a pity!* | (wott_è pittih) | Wie schade! |

## Die wichtigsten Fragen

| | | |
|---|---|---|
| *Is there a/an ... ?* | (is öäèr è/ènn ...) | Gibt es ...? |
| *Do you have ... ?* | (duh juh häw ...) | Haben Sie ...? |
| *Where is/are ... ?* | (wäèr is/ah ...) | Wo ist/sind ... ? |
| *Where can I ... ?* | (wäèr kähn_ei ...) | Wo kann ich ... ? |
| *How much is it?* | (hau matsch is_itt) | Wie viel kostet das? |
| *What time?* | (wott teim) | Um wie viel Uhr? |
| *Can you help me?* | (kähn juh hällp mih) | Können Sie mir helfen? |
| *Is there a bus to ... ?* | (is öäèr è_baß tuh ...) | Gibt es einen Bus nach ...? |
| *How are you?* | (hau ah juh) | Wie geht es dir/Ihnen? |
| *What's your name?* | (wotts juhr näim) | Wie heißt du/heißen Sie? |
| *How old are you?* | (hau ould ah juh) | Wie alt bist du/sind Sie? |
| *Where do you come from?* | (wär duh juh kamm fromm) | Woher kommen Sie? |
| *Excuse me?* | (ikßkjuhs mih) | Wie bitte? |

## Nichts verstanden? – Weiterlernen!

| | | |
|---|---|---|
| *I don't speak English.* | (ei dount spihk in-glisch) | Ich spreche kein Englisch. |
| *Pardon?* | (pahdèn?) | Wie bitte? |
| *I don't understand.* | (ei dount andèrständ) | Ich habe nicht verstanden. |
| *Do you speak German?* | (duh juh spihk dschörmèn?) | Sprechen Sie Deutsch? |
| *How do you say* | (hau duh juh säi | Wie heißt das |
| *that in English?* | öät in in-glisch?) | auf Englisch? |
| *What does it mean?* | (wott dahs_itt mihn?) | Was bedeutet das? |

# Das komplette Programm zum Reisen und Entdecken
## von REISE KNOW-HOW

- **Reiseführer** – alle praktischen Reisetipps von kompetenten Landeskennern
- **CityTrip** – kompakte Informationen für Städtekurztrips
- **CityTrip**PLUS – umfangreiche Informationen für ausgedehnte Städtetouren
- **InselTrip** – kompakte Informationen für den Kurztrip auf beliebte Urlaubsinseln
- **Wohnmobil-Tourguides** – alle praktischen Reisetipps für Wohnmobil-Reisende
- **Wanderführer** – exakte Tourenbeschreibungen mit Karten und Anforderungsprofilen
- **KulturSchock** – Orientierungshilfe im Reisealltag
- **Die Fremdenversteher** – kulturelle Unterschiede humorvoll auf den Punkt gebracht
- **Kauderwelsch Sprachführer** – vermitteln schnell und einfach die Landessprache
- **Kauderwelsch plus** – Sprachführer mit umfangreichem Wörterbuch
- **world mapping project™** – aktuelle Landkarten, wasserfest und unzerreißbar
- **Edition REISE KNOW-HOW** – Geschichten, Reportagen und Abenteuerberichte

# Reisetagebuch – Notizen von unterwegs von REISE KNOW-HOW

Weltkarte
Kontinente und Zeitzonen
Immerwährender Kalender
Reiseverzeichnis
Sprachhilfe ohne Worte

**1. Auflage 2017**
**ISBN 978-3-8317-3020-9**
**€ 12 [D]**

Dieses Reisetagebuch hat 133 Seiten zur freien Gestaltung. Es gibt noch eine Packliste, eine Budgetliste und Adress-Seiten zum Ausfüllen. Und natürlich viel Nützliches für unterwegs. Es ist liebevoll illustriert mit alten Stichen von Tieren, Pflanzen und Fortbewegungsmitteln aus aller Welt, aufgelockert mit Gedanken und Zitaten zum Thema Reisen.

# Register

# Der Autor

**Günter Schenk** ist mit den Beatles groß geworden, weshalb ihm die Stadt Liverpool besonders ans Herz gewachsen ist. Auch als Fußballfan hat er eine besondere Liebe zur Metropole am Mersey entwickelt, seit vielen Jahren besucht er sie deshalb regelmäßig.

Heute arbeitet der ehemalige Fernsehredakteur als freier Reisejournalist für renommierte Zeitungen wie „Frankfurter Rundschau", „WAZ", „Südwestpresse", „Rhein-Neckar-Zeitung", „Badische Zeitung", „Rhein-Main-Presse" und verschiedene Zeitschriften. Im REISE KNOW-HOW Verlag erschienen auch seine CityTrip-Bände „Antwerpen, Brügge, Gent", „Baden-Baden", „Brüssel", „Heidelberg", „Karlsruhe", „Koblenz", „Mainz", „Rotterdam", „Vilnius und Kaunas" sowie „Wiesbaden".

# Schreiben Sie uns

Dieses Buch ist gespickt mit Adressen, Preisen, Tipps und Daten. Unsere Autoren recherchieren unentwegt und erstellen alle zwei Jahre eine komplette Aktualisierung, aber auf die Mithilfe von Reisenden können sie nicht verzichten. Darum: Teilen Sie uns bitte mit, was sich geändert hat oder was Sie neu entdeckt haben. Gut verwertbare Informationen belohnt der Verlag mit einem Sprachführer Ihrer Wahl aus der Reihe „Kauderwelsch".

Kommentare übermitteln Sie am einfachsten, indem Sie die Web-App zum Buch aufrufen (siehe Umschlag hinten) und die Kommentarfunktion bei den einzelnen auf der Karte angezeigten Örtlichkeiten oder den Link zu generellen Kommentaren nutzen. Wenn sich Ihre Informationen auf eine konkrete Stelle im Buch beziehen, würde die Seitenangabe uns die Arbeit sehr erleichtern. Unsere Kontaktdaten entnehmen Sie bitte dem Impressum.

## Impressum

Günter Schenk

### CityTrip Liverpool

© REISE KNOW-HOW Verlag
Peter Rump GmbH 2008, 2011, 2013, 2015
5., neu bearbeitete und
komplett aktualisierte Auflage 2018

Alle Rechte vorbehalten.

ISBN 978-3-8317-3067-4
PRINTED IN GERMANY

**Druck und Bindung:**
Media-Print, Paderborn

**Herausgeber:** Klaus Werner
**Layout:** amundo media GmbH (Umschlag, Inhalt),
Peter Rump (Umschlag)
**Lektorat:** amundo media GmbH
**Karten:** Ingenieurbüro B. Spachmüller,
amundo media GmbH
**Anzeigenvertrieb:** KV Kommunalverlag GmbH & Co. KG, Alte Landstraße 23, 85521 Ottobrunn, Tel. 089 928096-0, info@kommunal-verlag.de
**Kontakt:** Osnabrücker Str. 79, 33649 Bielefeld, info@reise-know-how.de

Alle Angaben in diesem Buch sind gewissenhaft geprüft. Preise, Öffnungszeiten usw. können sich jedoch schnell ändern. Für eventuelle Fehler übernehmen Verlag wie Autor keine Haftung.

# Liste der Karteneinträge

## Zeichenerklärung

| | |
|---|---|
| ✚ ❂ | Arzt, Apotheke, Krankenhaus |
| ❶ | Bar, Klub |
| 🕮 | Bibliothek |
| ◒ | Café, Eiscafé |
| 🏛 | Denkmal |
| † | Friedhof |
| 🎨 | Galerie |
| 🛍 | Geschäft, Kaufhaus, Markt |
| 🏨 | Hotel, Unterkunft |
| ❶ | Informationsstelle |
| 🛏 | Jugendherberge, Hostel |
| 🎬 | Kino |
| ⇨ | Kirche |
| 🏛 | Museum |
| ◉ | Musikszene, Disco |
| 🅿 | Parkplatz |
| ⚙ | Polizei |
| ◒ | Pub, Biergarten |
| 🍴 | Restaurant |
| ★ | Sehenswürdigkeit |
| ● | Sonstiges |
| § | Sportstätte |
| ✡ | Synagoge |
| 🎭◒ | Theater |
| ❷ | Vegetarisches Restaurant |
| 🔴 | Shoppingareal |
| 🔵 | Gastro- und Nightlife-Areal |
| — | Stadtspaziergang (s. S. 14) |
| ★ ★ ★ | nicht verpassen |
| ★ ★ | besonders sehenswert |
| ★ | wichtig für speziell interessierte Besucher |

Hier nicht aufgeführte Nummern liegen außerhalb der abgebildeten Karten. Ihre Lage kann aber wie die von allen Ortsmarken im Buch mithilfe der Web-App angezeigt werden (s. S. 144).

## Liverpool mit PC, Smartphone & Co.

QR-Code auf dem Umschlag scannen oder **www.reise-know-how.de/citytrip/ liverpool18** eingeben und die **kostenlose Web-App** aufrufen (Internetverbindung zur Nutzung nötig)!

★ Anzeige der Lage und Satellitenansicht **aller** beschriebenen Sehenswürdigkeiten und touristisch wichtigen Orte
★ **Routenführung** vom aktuellen Standort zum gewünschten Ziel
★ **Exakter Verlauf** des empfohlenen Stadtspaziergangs
★ **Audiotrainer** der wichtigsten Wörter und Redewendungen
★ **Updates** nach Redaktionsschluss

### GPS-Daten zum Download

Auf der Produktseite dieses Titels unter www.reise-know-how.de stehen die GPS-Daten aller Ortsmarken als KML-Dateien zum Download zur Verfügung.

### Stadtplan für mobile Geräte

Um den Stadtplan auf Smartphones und Tablets nutzen zu können, empfehlen wir die App „Avenza Maps" der Firma Avenza™. Der Stadtplan wird aus der App heraus geladen und kann dann mit vielen Zusatzfunktionen genutzt werden.

## Unsere App-Empfehlungen zu Liverpool

> **Merseyrail:** offizielle App des Verkehrsverbunds für alle, die mit Bahn und Bus in der Region unterwegs sind (kostenlos für Android und iOS)
> **ThIS Liverpool:** Einkaufsführer mit Adressen von vielen Hundert Geschäften und Restaurants der Stadt (kostenlos für Android und iOS)
> **Beatles Radio:** App für alle Beatles-Fans, die Beatles-Programme von Radiosendern sammeln (kostenlos für Android und iOS)
> **Liverpool Echo:** App der einzigen Liverpooler Tageszeitung mit Veranstaltungstipps und Lokalnachrichten (kostenlos für Android und iOS)